「大阪都構想」ハンドブック

「特別区設置協定書」を読み解く

編著　大阪の自治を考える研究会

公人の友社

「大阪都構想」ハンドブック

「特別区設置協定書」を読み解く

はじめに
～特別区の実像を知るための視点～

事実確認の書として

　大阪市民の皆さん、「大阪都構想」、すなわち政令市・大阪市を廃止して、複数の特別区に分割する大都市制度の改革案がほぼまとまりました。それをうけ、2020年11月上旬（大阪市長で大阪維新の会代表の松井一郎氏は11月1日に住民投票との意向を表明）、大阪市民にその是非を問う住民投票の実施に向け、事がすすめられています。皆さんの選択が問われる時が近づいてきました。

　大阪都構想を簡潔にまとめますと、ⅰ）グローバルな経済競争の中で、大阪の経済をより強くすることを目標に、ⅱ）二重行政をはじめ行政のムダを徹底して省きながら、ⅲ）広域行政を大阪府に一元化して、司令塔を一本化、その一方で、ⅳ）大阪市を4つの特別区に分割し、新たに公選の区長・区議会を設け、ⅴ）住民に身近なサービスを決定・提供できる仕組みをつくる、というものです。

　この構想は2015年に実施された前回の住民投票の時もそうでしたが、今回も変わりません。

　しかし、スローガンとしては何となくわかったとしても、では現実に「都構想」に賛成か反対かを問われても、圧倒的多数の人は「特別区とは何なのか」、その制度の中身をはっきり示してもらわなければ、確信をもって判断できないはずです。それが書かれているのが「特別区設置協定書（案）」です。いわば商品の「内容説明書」であり、「保証書」でもあります。つま

り住民投票において賛否を問われるのは、実質的にはこの「特別区設置協定書（案）」であるといえます。

　しかし、これが結構、ナンブツです。一言でいえば専門的で、難しく、わかりにくい。皆さんどうしますか。イメージだけで選んでしまいますか。コンビニで手軽に入手できるスナック菓子ならコマーシャルの印象で買ってみる人も多いでしょう。でも、高価な家やマンション、自家用車などをコマーシャルや広告だけで購入する人はまれです。我慢して難解な性能説明や重要事項説明書を読み込み、納得してから購入されるのではないでしょうか。

　しかも、今回の「商品」である特別区は5年前にも提案され、2015年5月17日の住民投票では僅差ながら反対多数で「否決」（つまり購入拒否）されたものです。吉村知事や松井市長は今回の協定書案は前回のものをバージョンアップしたものだと胸を張っています。本当でしょうか。本当に根本的に変わったのでしょうか。そしてその中身は、前回の協定書より大阪市民にとって良いものになったのでしょうか。

　面倒な作業になりますが、これから冷静に検討してみたいと思います。なぜなら、もし協定書案が「看板倒れ」であったとしたら、大阪市民の住民サービスが守られなくなるばかりか、土地・家屋の資産価値が低下したり事業や商売にも悪影響がおよび、収入が減ってしまうなんてことにもなりかねないですから。もちろん、逆に住民サービスが向上し、資産価値や収入が上がれば言うことはありません。その見極めが大切です。住民投票の投票所に足を運ぶ前に、しっかり「ファクト・チェック」（事実確認）しておいたほうが無難だと思い、微力ながらそのお役に立てればと本書を編みました。

　興味のある項目だけ拾い読みいただいても結構です。最後までお付き合いいただけたら、こんなうれしいことはありません。「賛成」か「反対」か、決めるのはあなた自身です。

コロナ危機のなか、なぜ「住民投票」なのか？

　ところで、私たちがこの分析作業に取り組むさなかに、世界は一変し、けっして大げさでなく、人類はいま、新型コロナウイルスの脅威の前に立ち尽くしています。

　日本は５月下旬に緊急事態宣言を解除し、表面上は小康状態に入った感がありました。しかし、山中伸弥氏（ノーベル生理学・医学賞受賞者）がのべているように「新型コロナ対策はこれからが本番であり、いまは黄色信号が点滅している状況にある」（「山中伸弥による新型コロナウイルス情報発信」）にすぎません。私たちはいま、出口の見えない不安をかかえながら、日々じっと耐える生活を強いられています。

　この人類を襲った想像をこえた脅威は、「都構想」の問題にも大きく二つのレベルで深刻な影響を及ぼしつつあるように思います。

　第一のレベルは極めて実際的な問題です。収束の出口が見えない現在、今年11月の住民投票はほんとうに可能なのかという問題です。現時点では、広域自治体である大阪府と大阪市をはじめとした府内の基礎自治体が連携を強め、それぞれがもてる力を総動員して、医療崩壊をくい止め、また秋、冬に予想される第２波、第３波にそなえ、防疫体制を整える途中にあります。併せてコロナ危機によって経営困難に直面する中小零細企業や個人経営者の皆さんなどへの経済支援、また雇用喪失などによって生活困窮に陥る人たちへの生活支援等にエネルギーを集中すべき時です。しかし、こうした対応は、避けられないこととはいえ、国・自治体の財政に甚大な影響を与えずにはおきません。大阪府、大阪市もしかりです。

　協定書案で想定されている財政シミュレーションは、当然のこととしてコロナ禍以前の平時、またコロナ危機抜きの経済成長と大阪市・府の財政を前提に組み立てられており、根本的な見直しは避けられません。しかし、こうした見直し作業に早々に着手する時間的余裕がないのも緊急事態下の

行政の実情です。そうであれば、少なくとも感染拡大の収束と大阪経済の復興に見極めがつくまでは、「住民投票」は一時凍結すべきなのではないでしょうか。

　第二のレベルはいささか哲学的な問題です。「ヒト・モノ・カネ」が国境を越えて自由に行き来するグローバル社会のまさに"急所"を衝くようにコロナ禍は発生しました。豊かに見えた社会は、システムが少し狂うと医療機関に必要不可欠のマスクや防護服すら調達できないようなモロさを有していたことを露呈しました。

　翻って、私たちは大災害が発生するたびに、平時には気づかなかった社会や行政の"急所"（モロさ）が露わになるのを見てきました。阪神・淡路大震災、また苛酷な原発事故を引き起こした東日本大震災がそうでした。では、現在進行中のコロナ危機ではどうでしょうか。端的にいえば、経済効率優先で、"溜め"を失った社会・行政システムのモロさ、限界が見えてきた印象があります。

　ここ 20 ～ 30 年、世界を席巻してきたグローバル経済が追求してきたのは、市場原理、経済効率を最優先に、企業経営的な発想でいかに経済成長を拡大・加速させるかにありました。その実現のために、限りなく公共部門を小さく（「小さな政府論」）することがめざされてきました。

　この 10 年、大阪の政治を引っ張ってきた大阪維新の会の政策も、「身を切る改革」のスローガンのもと、公共部門の縮小・民営化を核に、小さな政府論の先頭を走ってきました。具体的には長年にわたり蓄積してきた大阪市の資産を売却、また組織の統廃合や人員削減、職員の非正規化、さらに民営化や委託化などがそれです。そうした改革の一丁目一番地が冒頭に記した、ⅰ）～ⅴ）を基本フレームとする大阪都構想でした。

　としますと、市場原理、経済効率をエンジンに、グローバル経済に勝ち残れる大都市・大阪をめざして、企業経営的発想で設計された大阪都構想が、果たしてコロナ後の世界に十分適合的な行政システムなのかどうか、いったん立ち止まって考え直す必要があるのではないでしょうか。

きょう、明日の暮らしをどのように組み立て直すのか、多くの人々が苦慮しているこの時期に、275万の大阪市民のみならず府民全体の生活に影響をもたらす行政システムを、根底から、しかも短期間で一気に変えようとする選択は、どう考えても無謀すぎるように思われます。いま進行中のコロナ危機は、そうした疑問や問いをあらためて私たちに投げかけているかのようです。

　そこで本書では、コロナ危機をへて大きく構造変化するであろう社会、経済を視野に入れ、同時に、平時だけではなく、緊急時にも十分対応できる行政システムのあり方とは何か、を考えながら、「特別区設置協定書（案）」のどこに問題のポイントがあるのか、できるだけ分かりやすく説明することにつとめました。

特別区の実像を知るための〈比較の視点〉

　本書は大きく2章に分かれています。第1章は、大阪都構想の設計書である「特別区設置協定書（案）」（2020年6月19日、法定協議会で採決）に即しながら、特別区の制度を通して浮かび上がってくるすがたを明らかにしています。とは言え、協定書案を繰り返し読んだとしても、特別区の具体的なすがた、形が明瞭に見えてくるわけではありません。分かりやすくするには、それなりの工夫が必要です。そこで採り入れたのが、つぎの3つの比較の視点です。

　第1は、府内の市町村との比較です。特別区は、府内の市町村と同じく公選の首長と議会をもつ基礎自治体として設計されています。しかし、特別区の実際のすがたは、府内の市町村が標準装備としてもっている制度・権限に比べれば明らかに劣っています。また、行政組織としての一体性が著しく欠けています。特に決定的なのが、仕事の範囲・権限と財源配分のアンバランスにあります。また特別区議会の体制や庁舎の配置は、特別区の存在意義すら疑わせるような内容になっています。第1章の3から10

の項目がその説明になります。

　第2の視点は、4つに分割された特別区間の比較です。人口規模では大きな違いはありませんが、人口構成や経済指標で比べれば、予想以上に"格差"が浮かび上がってきます。その影響は特別区の区民が受けとる公共サービスの水準につながってくるはずです（第1章1、2参照）。

　3つ目の視点は、東京の都区制度との比較です（第1章11参照）。大阪都構想は東京の都区制度をモデルにして設計されていることは間違いありません。表面的には確かに東京の都区制度と同じしくみです。しかし、制度の内側から覗けば、そのすがた、形は異なっていることがわかります。

　第2章は、特別区が担う仕事の現場（分野別）に視点をおき、市民生活の影響の度合いをさぐっています。

　特別区は教育・子育て、保健・介護・福祉、さらに、ごみ処理などの環境行政、コミュニティづくりなど、市民の生存・生活に欠かせない基礎的公共サービスの提供を主たる仕事とする、としています。コロナ危機で長く外出自粛が続くなか、こうした公共サービスは社会を下支えする存在として大事な役割を担っており、また、その存在価値は、企業経営的な発想だけでは計れない「何か」をもっていることを再確認する機会となりました。

　協定書の基礎となる「特別区制度（案）」では、特別区の仕事を図・表、数字を使いながら説明しています。しかしこれら図・表、数字を読むだけでは、特別区の行政実務の実態や、市民生活への影響の実際を理解することは困難です。その実態を知るには、図・表や数字の向こう側にある人々の暮らしに思いを寄せる想像力が欠かせません。その手がかりを得るため、第2章では、現行の大阪市の市民サービスの実態・水準を比較の視点にすえ、その地点から特別区の仕事・権限の問題と市民生活への影響の度合いについて検証をおこなっています。

　以上、本編に入る前に、コロナ危機の状況を踏まえつつ、「特別区設置協定書（案）」をどのような文脈で読み解くべきか、そのための視点をいくつか記しておきます。

第1章

特別区の制度とすがた

　大阪市を廃止・分割して、4つの特別区を新設する大阪都構想の設計書を審議する大都市制度（特別区設置）協議会は、2020年6月19日に「特別区設置協定書（案）」を採択しました。

　このハンドブックで扱う中心的資料は、この「特別区設置協定書（案）」とその基礎となる「特別区制度（案）」ですが、比較検討のため、5年前の「特別区設置協定書」と「制度設計（案）」にも必要に応じて触れています。今回の住民投票に付される制度案を「新案」、5年前の住民投票で否決された案を「旧案」と呼び分けています。

　第1章は、「協定書（案）」および「特別区制度（案）」をふまえ、特別区の制度とそのすがたについて、11の項目に分け、事実の確認と問題点を整理しています。「特別区」の具体的なすがた、問題点をわかりやすくするために、「はじめに」で述べましたように、ⅰ）府内市町村、ⅱ）特別区間、ⅲ）東京都区制度との間の比較を視点にすえ、読み解いています。

1　区割りと名称
4分割される特別区
～政令市並みの人口規模～

(1)「区割り」と「区の名称」

　区割りは、①財政状況の均衡、②将来人口の格差、③コミュニティの歴史や合区・分区の経緯、④鉄道網の接続や商業集積、⑤防災上の視点、を考慮して検討したとされています。また、「区の名称」については、新たなネーミングは行わず、特別区の本庁舎に活用される区役所の区の名称（淀川区、北区、中央区、天王寺区）がそのまま特別区の名称とされました（ただし、北区の本庁舎は現大阪市役所本庁舎を活用）。

　この決定を受けて法定協議会は2020年1月20日、会長名で東京都の特別区である中央区と北区の区長に対し特別区名の使用への理解を求める書面を発出しました。東京の山本泰人・中央区長は2月5日、「同趣旨の特別区制度での同一名称の使用については、行政を進めていくうえで様々な問題や混乱、住民の戸惑いが生じる」として再考を求めました。同じく東京の花川與惣太・北区長も2月20日、同趣旨の回答をしました。

　総務省は2月19日、「実際、同一の名称が、当事者間の調整や了解がないままに使用された事例はないものと認識している。本件についても、当事者間でよく話し合い、調整すべきものと考えている」（「第33回法定協議会」資料4より）との見解を表明しました。

　これを受けて区の名称について2月26日、第33回法定協議会で再検討しましたが、東京の区長の意見は無視され、法律の制約がないことや区名として定着していることを理由に維新の会と公明党の賛成で原案どおり区

割りと区の名称が決定されました。

(2)　5年前の旧案との違い

　まず、特別区の数について見てみます。5年前の旧「特別区設置協定書」（以下、旧案と略）は5区案でした。ニア・イズ・ベター（より身近な自治体・地域でサービスを充実）の観点から7区案と5区案が比較検討されましたが、7区案の場合、2033年度までに約1,500億円の収支不足が生じるとして退けられました。新案では6区案と4区案が比較検討されたうえで、やはり財政収支の観点から、さらに1区少ない4区案となりました。

　旧案の区割りが検討された第14回法定協議会（2014年7月3日開催）で以下の意見が出たとの記録があります。

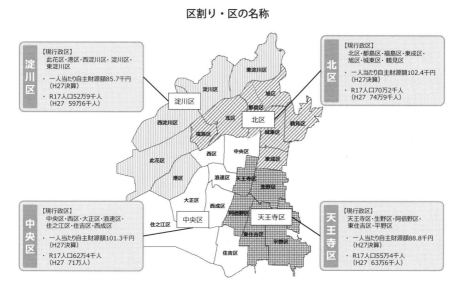

区割り・区の名称

【現行政区】
此花区・港区・西淀川区・淀川区・
東淀川区
・ 一人当たり自主財源額85.7千円
　（H27決算）
・ R17人口52万9千人
　（H27　59万6千人）

淀川区

【現行政区】
北区・都島区・福島区・東成区・
旭区・城東区・鶴見区
・ 一人当たり自主財源額102.4千円
　（H27決算）
・ R17人口70万2千人
　（H27　74万9千人）

北区

【現行政区】
中央区・西区・大正区・浪速区・
住之江区・住吉区・西成区
・ 一人当たり自主財源額101.3千円
　（H27決算）
・ R17人口62万4千人
　（H27　71万人）

中央区

【現行政区】
天王寺区・生野区・阿倍野区・
東住吉区・平野区
・ 一人当たり自主財源額88.8千円
　（H27決算）
・ R17人口55万4千人
　（H27　63万6千人）

天王寺区

第31回法定協議会会長提出資料「特別区設置協定書（案）の作成に向けた基本的方向性について」より

> ⇒人口規模については、人口45万人よりも30万人の方が住民により身近な基礎自治体を実現できるとの意見があるものの、45万人であっても近隣の中核市とほぼ同じ人口規模であり、現在の大阪市の人口と比べれば、はるかに住民に身近ではないか。

　確かに近隣中核市である豊中市、東大阪市、高槻市、枚方市、尼崎市、西宮市の平均人口は約43万人強です。しかし、現在の大阪市の人口は約275万人（2020年5月時点。なお2015国勢調査では約270万人）ですから、旧案の5区案でも約55万人と「同じ人口規模」とはいいがたく、新案の4区案なら67.5万人となり、かなりの人口規模の差が生じます。

　「区割り」については、旧案では住之江区が湾岸区と南区に分割されていましたが、新案では現在の行政区が分割されることはありませんでした。「合区・分区の経緯を考慮」が生きたといえます。

　「区の名称」については、旧案では、まず「東・西・南・北・中央」という方位を基本としたシンプルな名称が検討され、その後、行政区の「西区」が特別区では中央区に編入されることから、紛らわしいという指摘を受けて、西区のみ「湾岸区」と変更されました。新案では、結果としては、特別区の本庁舎を置くことになる現在の区役所庁舎の行政区名とされました（北区を除く）。このため中央区と天王寺区では当初予定された本庁舎の位置が変更されました。

（3）巨大な人口規模

　ご存じの通り大阪市は日本有数の大都市です。人口は約275万人で、政令市では横浜市の約370万人に次いで2番目（3番目は名古屋市の約230万人）です。では、この大阪市を4つに分割してつくられる特別区は自治体としてはどんな規模なのでしょうか。

　よく言われてきたのが「中核市並みの機能を持つ特別区」という表現でした。これは東京都の特別区は権限や財源が制約されているという批判に対して、大阪市を分割してつくる特別区には東京の特別区を上回る中核市並みの、場合によっては道府県や政令市並みの権限を与えるという趣旨で言われました。この課題は事務分担の問題といえますが、その前に特別区の自治体としての規模はどんなものなのかを押さえておくことにします。

　特別区の人口は最小の淀川区で59.6万人、最大の北区で74.9万人、平均では67.2万人程度（2015国勢調査）です。これを東京都の特別区、中核市、政令市と比較してみます。

　東京都の23特別区は人口に大きな開きがありますが、大阪の平均67.2万人を超える特別区は世田谷区（90.9万人）、練馬区（73.3万人）、大田区（70.0万人）、江戸川区（69.8万人）、足立区（68.9万人）の5区のみで、東京23区の平均人口は41.2万人です。

　中核市ではどうでしょう。人口で大阪最小の淀川区（59.6万人）を超えるのは、唯一、千葉県船橋市の63.9万人（2位の鹿児島市の59.5万人がほぼ匹敵）です。近畿圏の中核市で最大の姫路市の人口は53.8万人です。

　最後に政令市との比較です。政令市は全国に20市ありますが、大阪最大の北区（74.9万人）より人口の少ない政令市が、熊本市（73.9万人）、相模原市（72.3万人）、岡山市（72.1万人）、静岡市（69.1万人）と4つもあります。大阪のもう一つの政令市である堺市でも82.8万人です。

　つまり大阪市を分割して設置される4つの特別区は、一つひとつが人口規模としては中核市より大きく、政令市に匹敵するということです。特別区を現在の24の行政区と比較して、その優劣を議論していては選択を誤りかねません。一戸建ての家を建てるのか、巨大なビルを建設するのか。それによって工事の手順や留意点は全く変わってきます。戸建ての家なら不要なエレベーターやスプリンクラーも大きなビルには必須です。これから作ろうという特別区の規模を念頭において、その制度設計も見ていかなくてはなりません。

2　特別区の特徴

大きい特別区間の格差
～比較のポイント～

◆本庁舎の位置

名　称	区域(現行政区)	本庁舎の位置	特別区議会議員の定数	議員の報酬
淀川区	此花区、港区、西淀川区、淀川区、東淀川区	現 淀川区役所	18人	現行報酬（減額後）
北　区	北区、都島区、福島区、東成区、旭区、城東区、鶴見区	現 大阪市本庁舎（中之島庁舎）	23人	
中央区	中央区、西区、大正区、浪速区、住之江区、住吉区、西成区	現 中央区役所	23人	
天王寺区	天王寺区、生野区、阿倍野区、東住吉区、平野区	現 天王寺区役所	19人	

大都市（特別区設置）制度協議会「特別区制度（いわゆる「大阪都構想」）（案）」より

分割の影響は特別区によって大きく異なる

　大阪市を廃止し、4つの特別区に分割するのが「都構想」ですが、住民にとってその影響は同じではありません。

　特別区は基礎的自治体といわれますが、この後確認することになりますが、財源・事務権限などは一般市に劣ります。しかし、自治体として区政を運営しなければならないのは同じです。大阪市の中の行政区とは異なった目線で特別区を見ますと、意外と大きなちがいが浮かび上がってきます。

予想以上に大きい税収格差

　人口規模ではほぼ均等な4特別区ですが、経済指標からみると大きな格差があります。域内の総生産額でトップの中央区（9兆1,994億円）と最下位の天王寺区（1兆1,220億円）では8倍以上の差があります。特別区の基幹税となる個人市民税もトップの北区（約464億円）と最下位の淀川区（約295億円）では約1.6倍の差があります。

福祉ニーズも大きな区間格差

　一方で福祉ニーズの格差も顕著です。例えば生活保護実人員を比較すると中央区（54,098人）、天王寺区（33,779人）、淀川区（27,092人）、北区（22,527人）の順で、中央区と北区では2.4倍の差があります。

「規模の利益」を失う特別区

　もともと大阪市は大都市の特性として、低所得者層の集住、独居もしくは高齢者のみ世帯およびひとり親家庭の比率の高さなど、多様な福祉ニーズをもつ住民が多く住んでいます。これを275万人口のスケールメリット（規模の利益）と豊かな固定資産税などの税収で支えてきました。

　4分割はスケールメリットを奪い、格差を生み、府税に移される固定資産税が大規模開発に投じられると、福祉財源は逼迫します。特別区の財源問題については42ページをご覧ください。

（1）淀川区

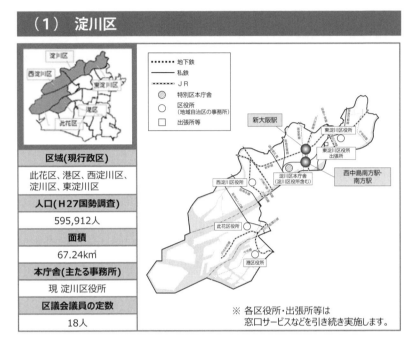

区域(現行政区)
此花区、港区、西淀川区、淀川区、東淀川区
人口(H27国勢調査)
595,912人
面積
67.24㎢
本庁舎(主たる事務所)
現 淀川区役所
区議会議員の定数
18人

※ 各区役所・出張所等は窓口サービスなどを引き続き実施します。

淀川区の主要統計

人口等
（H27国勢調査等）

人口	将来推計人口(R17)	昼間人口
595,912人	529,281人	666,995人
	年齢別人口比	
(15歳未満)	(15〜64歳)	(65歳以上)
11.2%	64.4%	24.4%
世帯数	昼夜間人口比	面積
300,980世帯	112%	67.24㎢

産業
（H28経済センサス等）

全産業	
(総生産額)	(企業本社数)
2兆5,099億円	17,161社
商業販売額	商業事業所数
4兆9,859億円	5,124カ所
工業出荷額	工業事業所数
1兆6,347億円	1,146カ所

子育て・教育
（H30大阪市学校基本調査）

保育所	幼稚園	小学校	中学校	高等学校	大学・短期大学
99カ所	31園	66校	29校	17校	4校

大都市（特別区設置）制度協議会「特別区制度（いわゆる「大阪都構想」）（案）」より

気になる防災機能

淀川区は検討の過程で2度、注目を浴びました。1度目は「東西区」という仮称をめぐって。確かに淀川右岸の東淀川区、淀川区、西淀川区の3区と湾岸部に位置する此花区、港区を合わせた区域は大阪市の北部を東西に切りとるかたちになっています。

2度目は1,136人と試算される本庁職員の80%を占める904人が区域外の中之島庁舎に勤務する案となった時です。庁舎建設コストを節約するためとはいえ、本庁職員の多くが所属する特別区以外で勤務する案になりました。

危惧されるのは災害発生時の対応です。高潮対策が重要な湾岸3区を抱えているにもかかわらず、大半の本庁職員は中之島庁舎勤務です。また、地域自治区事務所（現在の区役所）をつなぐ東西の交通網の乏しさも気になります。

少ない個人市民税

固定資産税や法人市民税は府税となるため、特別区の自主財源の柱は個人市民税になります。その個人市民税の額が淀川区は特別区の中で最低です。2017年度は約300億円で、これは北区の約460億円の約65%です。人口は北区の約80%。面積は北区より40%近くも大きいにもかかわらずです。

カジノを含むIRの影響に懸念

府市一体で誘致を進めるカジノを含むIRの予定地がある夢洲はこの区域です。そのため特別区・淀川区はこの事業から大きな影響を受けるでしょう。それは経済的影響のみならず、教育や住環境、防犯など多方面にわたります。2025年開催予定の万博の跡地利用も課題です。しかし、特別区のまちづくり権限は限られており、これらの事業に区民の声が届く保証はありません。

（2）　北区

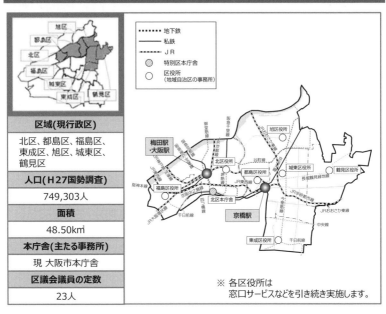

区域(現行政区)
北区、都島区、福島区、東成区、旭区、城東区、鶴見区

人口(H27国勢調査)
749,303人

面積
48.50km²

本庁舎(主たる事務所)
現 大阪市本庁舎

区議会議員の定数
23人

※ 各区役所は
　窓口サービスなどを引き続き実施します。

北区の主要統計

人口等

（H27国勢調査等）

人口	将来推計人口(R17)	昼間人口
749,303人	702,303人	1,010,815人

年齢別人口比		
(15歳未満)	(15～64歳)	(65歳以上)
11.8%	64.6%	23.6%

世帯数	昼夜間人口比	面積
369,437世帯	135%	48.50km²

産 業

（H28経済センサス等）

全産業	
(総生産額)	(企業本社数)
6兆0,888億円	32,150社
商業販売額	商業事業所数
14兆2,889億円	10,155カ所
工業出荷額	工業事業所数
7,105億円	1,333カ所

子育て・教育

（H30大阪市学校基本調査）

保育所	幼稚園	小学校	中学校	高等学校	大学・短期大学
126カ所	48園	79校	37校	16校	3校

大都市（特別区設置）制度協議会「特別区制度（いわゆる「大阪都構想」）（案）」より

最も立地条件に恵まれた区域

　大阪の都心部にあたる梅田エリアを抱え、特別区としては最も恵まれた立地条件にあるといえます。特別区内の交通アクセスにも恵まれています。

　現在の大阪市役所を特別区の本庁舎として活用できるため、庁舎整備の必要はありません。ただし、中之島庁舎は淀川区や天王寺区の庁舎として一部使われることになったため、北区の本庁も中之島庁舎に集中することはできず、分散する案になりました。

税収はトップ、福祉ニーズは低い

　特別区の基幹税となる個人市民税は約 460 億円（2017 年度）で、特別区中トップです。

　一方、生活保護受給者数は 22,527 人（2018 年度）で、特別区の中で最少です。高齢化率も 65 歳以上の割合は 24.4%（2015 年）で、特別区の中では最も低い水準です。

現在進行中のビックプロジェクトが集中

　現在進行中のビッグプロジェクトも北区に集中しています。「うめきた」2 期工事は 2024 年夏に街開きと言われており、同時に「うめきた新駅」も 2023 年開業を目指して整備が進んでいます。

　また、城東区・森ノ宮に大阪府立大学と大阪市立大学を統合する新大学のキャンパスを 2025 年までに整備するとしています。

　これらの開発には府の財源となる大阪市域の固定資産税等が集中投下されると想定され、特別区相互に大きな格差を生まないか、心配する声が上がっています。

（3）　中央区

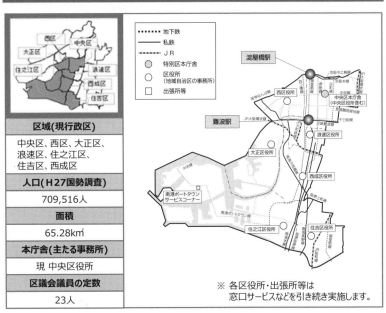

区域(現行政区)

中央区、西区、大正区、
浪速区、住之江区、
住吉区、西成区

人口（H27国勢調査）

709,516人

面積

65.28km²

本庁舎(主たる事務所)

現 中央区役所

区議会議員の定数

23人

※ 各区役所・出張所等は
　窓口サービスなどを引き続き実施します。

中央区の主要統計

人口等

（H27国勢調査等）

人口	将来推計人口(R17)	昼間人口
709,516人	623,666人	1,202,077人
年齢別人口比		
(15歳未満)	(15〜64歳)	(65歳以上)
10.0%	64.2%	25.8%
世帯数	昼夜間人口比	面積
385,835世帯	169%	65.28km²

産業

（H28経済センサス等）

全産業	
(総生産額)	(企業本社数)
9兆1,994億円	39,310社
商業販売額	商業事業所数
20兆4,298億円	14,590カ所
工業出荷額	工業事業所数
8,014億円	942カ所

子育て・教育

（H30大阪市学校基本調査）

保育所	幼稚園	小学校	中学校	高等学校	大学・短期大学
118カ所	47園	75校	43校	24校	5校

大都市（特別区設置）制度協議会「特別区制度（いわゆる「大阪都構想」）（案）」より

ビジネス街と商業エリアを包含

かつて「船場」と言われたビジネス街と「ミナミ」と呼ばれる商業エリアで構成される現在の中央区から南西に広がるエリアが区域となります。北区と並ぶ大阪の中心エリアを含み、個人市民税収は約 400 億円と北区（約 460 億円）に次ぐ高さです。

区役所庁舎については ATC 庁舎を活用できるという利点があり、区域外となる中之島庁舎を活用せずに済みます。

西成区を含み福祉人口が多いのも特徴

一方、あいりん地区のある西成区を含み、福祉人口が多いのも特徴です。2018 年度の生活保護受給者数は約 5.4 万人で、保護費は約 1,100 億円に達します（大阪市福祉局「福祉事業統計集」平成 30 年）。これは大阪市の受給者の約 39%、保護費の約 41% を占めます。

介護保険における要介護認定者数は 49,429 人、身体障害者手帳交付台帳登載数 39,875 人も特別区で最多となっています。

このため福祉重視の区政運営が求められ、区財政がひっ迫する可能性も否定できません。

湾岸エリアを含み防災対策も重要

湾岸エリアである大正区、住之江区を含み、また埋立地である南港エリアがあり、防災対策を重視すべき地域でもあります。

大阪市立中央図書館の運営はどうなる？

西区にある蔵書数約 204 万冊を誇る大阪市立中央図書館。24 区の地域図書館のセンター機能も担いますが、協定書案では中央区の施設になっていますが、中央区単独では運営を支えきれないとの声も上がっています。

（4）　天王寺区

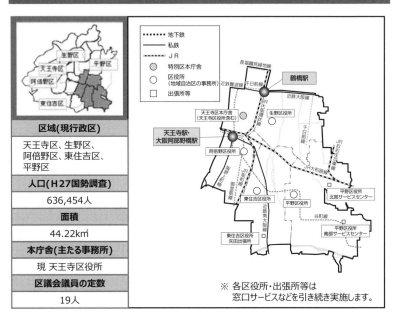

区域(現行政区)
天王寺区、生野区、阿倍野区、東住吉区、平野区

人口(H27国勢調査)
636,454人

面積
44.22km²

本庁舎(主たる事務所)
現 天王寺区役所

区議会議員の定数
19人

※ 各区役所・出張所等は窓口サービスなどを引き続き実施します。

天王寺区の主要統計

人口等
（H27国勢調査等）

人口	将来推計人口(R17)	昼間人口
636,454人	554,067人	663,562人
年齢別人口比		
(15歳未満)	(15〜64歳)	(65歳以上)
11.7%	60.9%	27.4%
世帯数	昼夜間人口比	面積
298,541世帯	104%	44.22km²

産業
（H28経済センサス等）

全産業	
(総生産額)	(企業本社数)
1兆1,228億円	23,385社
商業販売額	商業事業所数
1兆8,590億円	6,466カ所
工業出荷額	工業事業所数
5,350億円	1,605所

子育て・教育
（H30大阪市学校基本調査）

保育所	幼稚園	小学校	中学校	高等学校	大学・短期大学
100カ所	50園	76校	46校	30校	7校

大都市（特別区設置）制度協議会「特別区制度（いわゆる「大阪都構想」）（案）」より

住宅地域を中心とする区域、住民の居住区への愛着が強い

特別区の本庁舎が置かれる天王寺区から南東に広がる区域です。閑静な住宅街を残す阿倍野区や天王寺区、約22,000戸の市営住宅を有する平野区など住宅地域が中心のエリアといえます。

歴史も古く、居住区に対する強い愛着をもつ住民が多い地域としても有名です。

産業基盤が弱く、税収は少ない

住宅街であるため産業の基盤は弱く、総生産額1兆1,228億円（1位は中央区、9兆1,994億円）、商業販売額1兆8,590億円（1位は中央区、20兆4,298億円）、工業出荷額5,350億円（1位は淀川区、1兆6,347億円）はいずれも特別区で最低です。

個人市民税の額は約346億円で、淀川区に次いで低い水準です。

木造密集市街地が多く、急がれる防災対策

生野区をはじめ、木造密集市街地が集中しています。そのため防災対策が急がれる地域でもあります。例えば大阪市は1994年から「生野区南部地区整備事業」に取り組んでいますが、大阪市がなくなった場合、特別区で事業継続が可能か心配する声も聞かれます。

高齢化率高く、福祉人口も多い

2015年時点の人口に占める65歳以上の高齢者の割合は27.4%で特別区中最も高く、2035年には32.4%に達すると予測されています。

生活保護受給者数は約3.5万人、保護費は約680億円、要介護認定者数47,450人は中央区に次いで高い水準です。自主財源の低さから福祉サービスの維持が課題となりそうです。

3　特別区議会

劇的に少ない議員の数
〜心配な議会機能〜

　特別区は、区民の皆さんの選挙で選ばれた特別区区長と区議会によって運営されることは、他の自治体と同じです。以下では、他の市町村と比較しながら、特別区議会のすがた、特徴を探ってみます。

（1）特別区議会の議員定数と議員報酬

　特別区に設置される特別区議会の議員定数は旧案の考え方を踏襲し、区議会議員の総数は現在の大阪市会議員数と同数とし、各特別区議会の議員定数は特別区を構成する現在の行政区の市会議員定数の合計とすることになります。ただし元の行政区エリアごとに選挙区は設けず、府内の市町村同様に、いわゆる大選挙区制としています。なお、旧案の区議会議員の合計

表1　特別区の区議会議員定数

特別区名	人口規模	定数	議員一人当たりの人口
淀川区	595,912	18	33,106
北区	749,303	23	32,578
中央区	709,516	23	30,849
天王寺区	636,454	19	33,498
合計	2,691,185	83	32,424
平均	672,796	21	同上

は86人でしたが2019年4月の市会議員選挙から実施された定数変更の結果、83人となっています。各特別区の議員定数は**表1**のとおりです。
　旧案の検討過程では、事務局案の段階で近隣中核市5市平均（5区合計242人）、全国中核市で人口当たり議員数が最少の船橋市並み（同計223人）、東京の特別区で同じく議員数が最少の世田谷区並み（同計148人）の3案が

提示されましたが、法定協議会で議会コストを増やさないという観点などから、現市会議員数を特別区議会議員の総数とすることが決められました。この結果、区議会議員一人当たりの人口は約3万人強となります。

議員報酬については、「減額後の現行報酬をベースとする」とされ、旧案の「3割減額」は撤回されました。

(2) 他の市区町村議会の議員定数との比較

この議員定数の妥当性の検討作業の手始めとして、他の市区町村議会との比較を行います。地方議会の議員定数は、現在では各議会で自由に決められますが、かつては人口規模に基づいてその上限が地方自治法で定められていました。当然のことながら人口の少ない自治体には手厚い基準となっています。

人口約270万人の大阪市会の議員定数83人で、これは概ね人口3.2万人に一人の議員という水準です。人口約230万人の名古屋市は議員定数75人で約3万人に一人です。200万人台の政令市はこの2市のみですが、ほぼ近似しています。ちなみに人口が約374万人と最も多

表2　大阪特別区議会議会議員定数			
政令市・特別区名	議員数	人口	議員一人あたりの人口
浜松市	46	804,780	17,495
新潟市	51	792,868	15,546
（大阪）北区	23	749,303	32,573
熊本市	48	734,059	15,293
練馬区	50	732,583	14,652
大田区	50	729,534	14,591
相模原市	46	722,863	15,714
（大阪）中央区	23	709,516	30,849
岡山市	46	709,241	15,418
静岡市	48	702,395	14,633
江戸川区	44	698,031	15,864
足立区	45	688,512	15,300
（大阪）天王寺区	19	636,454	33,498
（大阪）淀川区	18	595,912	33,106
杉並区	48	569,132	11,857

い横浜市の議員定数は 86 人で人口約 4.3 万人に一人の議員。人口が約 70 万人と最も少ない政令市である静岡市の議員定数は 48 人で人口約 1.5 万人に一人の議員です。このことからも人口が増えるとスケールメリットが働くことが見てとれます。

　では 4 つに分割される特別区と同規模の市区町村議会の議員定数と比較するとどうなるでしょうか。前ページ**表2**をご覧ください。一目瞭然ですが、大阪市を廃止分割して設置される特別区の区議会定数は、日本の地方議会において、他に例を見ないくらい極端に少ないということが分かります。

　次に隣接する政令市や中核市が将来、市を廃止し特別区に再編された場合の区議会議員数を 4 つの特別区議会の水準をもとにシミュレーションしたものが**表3**です。特別区設置法では、隣接する市が特別区となる場合、1 自治体が 1 特別区に再編されるのであれば住民投票は必要なく、議会の議決のみで移行できます。

表3　隣接市が特別区に移行した場合の区議会議員数のシミュレーション				
自治体名	現在の議員数	人口	想定議員数	差
堺市	48	837,773	26	△22
豊中市	36	406,593	13	△23
吹田市	36	373,428	12	△24
東大阪市	38	495,935	15	△23
八尾市	28	266,943	8	△20

（3）特別区議会に求められる役割

　協定書案では特別区議会の体制などについては具体的に触れられていません。そこで人口規模で北特別区と中央特別区の中間に位置する東京の大田区議会を例に考えてみます。ちなみに大田区議会の定数は 50 人です。

　大田区議会には総務財政委員会（定数 10）、地域産業（定数 10）、健康福祉委員会（定数 10）、まちづくり環境委員会（定数 10）、こども文教委員会（定

数 10）の 5 常任委員会が設置され、委員定数の合計は 50 人ですので、各区議はいずれかの常任委員会に属します。

> ⇨ 総務財政委員会…企画経営部、総務部、区民部、会計監査室、選挙管理委員会、監査委員、他の常任委員会に属しないものを所管。
> ⇨地域産業…地域力推進部、観光・国際都市部、産業経済部を所管。
> ⇨健康福祉委員会…福祉部、健康政策部を所管。
> ⇨まちづくり環境委員会…まちづくり推進部、空港まちづくり本部、都市基盤整備部、環境清掃部を所管。
> ⇨こども文教委員会…こども家庭部、教育委員会を所管。

これ以外に、特別委員会はオリンピック・パラリンピック特別委員会（定数 12）、交通臨海部活性化特別委員会（定数 11）、羽田空港対策特別委員会

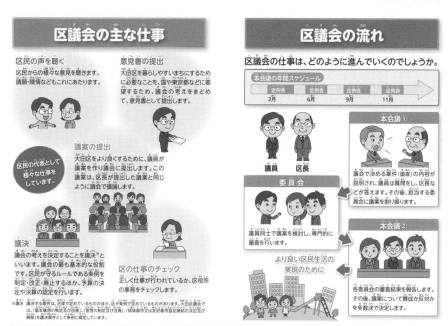

大田区議会「学んでみよう！私たちの大田区議会－大田区議会ハンドブック」より

（定数 11）、防災安全対策特別委員会（定数 12 人）の 4 特別委員会が設置されており、合計 46 人ですので各区議（議長、副議長及び監査委員を除く）はいずれかの特別委員会にも属します。さらに、これらとは別に予算・決算特別委員会が設置されます。構成は議長を除く全議員（決算特別委員会については議員選出監査委員も除く）です。

　これを北特別区、中央特別区の議員定数 23 人で担うとすると、常任委員会も特別委員会も委員は 4 名から 5 名の少人数になります。これでは政令市なみの人口をかかえ、多様化する住民の行政ニーズを各行政分野に的確に反映することができるのか、疑問なしとは言えません。さらに付け加えるならば、4 特別区で共同設置される機関や一部事務組合にもそれぞれ議会を代表して参画することが求められます。この議員数で本当に大丈夫なのでしょうか。

（4）地方議会改革と大阪の特別区議会

　首長と議会の二元代表制をとる日本の地方自治にとって、本来、地方議会には大きな権限をもつ首長が「暴走」したり、「独善的」になったりすることを防ぐチェック機能を適切にはたすことが要請されています。また、住民の多様な行政ニーズを的確に首長や行政組織に伝え、住民自治を豊かなものにしていく責務をもっています。しかし、地方議会の実態から、そうした機能を十分に担い切れているかといえば、否定的な意見が多いのではないでしょうか。それは個々の議員の資質の問題ばかりでなく、構造的な問題も含んでいます。「都市部では、首長と対立すると「抵抗勢力」と批判され、反対に支持すれば単に「追認機関」とされる」（辻　陽『日本の地方議会』）ように。
　一方で、地方議会改革の取り組みも行われています。地方議会や地方議員自らの取り組みだけでなく、総務省の「地方議会に関する研究会」が報

告を出したり早稲田大学マニフェスト研究所の議会改革度調査のランキングが公表されたりもしています。

　そんななかで大阪の特別区議会は地方議会改革としてどうなのかという評価が問われます。「協定書（案）」では、人口60万人から70万人規模の自治体議会としては、劇的ともいえる少ない議員数の議会が誕生することになります。確かに議会コストは効率化されるでしょうが、はたしてこの議会議員数で、議会に期待される機能を担うことができるのでしょうか。議員数が少なすぎることによるデメリットも考えておく必要がありそうです。

　近年、「決められる」政治をよしとする風潮が高まっていますが、「決められる」という日本語には二つの意味があります。一つは迅速に「決定できる」という実行力、実現力。もう一つには、場合によってはあなたの意に反して、あるいはあなたの意見を無視して勝手に「決定されてしまう」という意味も隠されていそうです。地方議会は住民にとって一番近い「意思決定の場」です。あなたの声を地方自治に届けるツールとしてどんな議会が望ましいか、議会と首長のどういう関係が理想か、じっくり考えてみる必要がありそうです。

4 事務分担と職員体制

府内の市町村と異なる事務分担
～職員数の不足も不安～

（1）変則的な事務分担の考え方

　大阪市が廃止されると、大阪市で行われていた事務（仕事の範囲と権限）を特別区と大阪府のどちらが継承するのかを整理しなければなりません。それが事務分担です。基本的には旧案も新案も同様の考え方ですが、大阪市を廃止して設置する特別区と大阪府との事務分担は、市町村と都道府県との相互依存をとる日本の地方自治制度とは異質な考え方が導入されています。それは行政の役割（≒行政分野）によって分担を割り振る考え方で、特別区には「住民に最も身近な存在として、豊かな住民生活や地域の安全・安心を支える」事務を、大阪府には「大都市圏の"成長"を支え、大阪全体の安全・安心を確保する」事務を分担させるという設計案です。

　このため福祉や教育、保健の分野で、高度な専門性が求められる仕事として、本来、都道府県や政令市が担うべき事務も特別区が担うことになります。例えば、児童相談所や心身障がい者リハビリテーションセンター、小中学校教職員の人事権などです。これらの事務は府内の一般市町村では、府の事務となっており、現に大阪府によって担われています。

　一方、高等学校や大学、上下水道、消防の他、道路、河川、公園などを含む都市計画の主要部分は府が所管します。しかし上下水道や消防などは本来、一般市の事務ですし、都市計画も特別区がもたない権限を府内市町村は自前で担っています（96ページ図表参照）。これらの事務権限は、特別区ができると旧大阪市域についてのみ府が担うことになります（これに伴

府内市町村のこれらの事務が府に移管されるということはありません）。

　これらの事務はもっぱら特別区民の行政サービスに関するものですが、問題は、予算は知事が編成し、議会のチェックは府議会があたることにあります。特別区域から選出される府議は全体の３分の１程度であることを考えると、特別区民はいささか不安を感じるかもしれません。

　また、児童相談所や心身障害施設など、府内の市町村にはない仕事を特別区がもつことで、行政コストとしては極めて高くなります。大阪市の場合、１つで済んでいたものをフルセットで４つつくるのですから当然でしょう。そこで考案されたのが、巨大ともいえる一部事務組合の設置です。一部事務組合に関しては次項の「大阪特別区事務組合」でくわしく説明します。

　事務分担をめぐる疑問、問題点については、第２章「特別区の仕事（分野別）と市民生活」で改めて考えてみたいと思います。

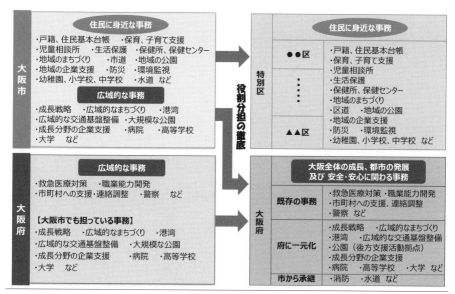

第31回法定協議会会長提出資料「特別区設置協定書（案）の作成に向けた基本的方向性について」より

（2）職員体制は必要十分か－論争を振り返る

　次に、新案による事務分担を前提として、それを担う職員機構、特別区の職員体制はどのように考えられているのでしょうか。**下表**が法定協議会に提出された職員体制案です。

職員の移管			
特別区の設置の日の前日における大阪市の職員数見込み	特別区の設置に伴う移管先		
合計　約35,300人 （内訳） 市長部局等　約13,000人 消防　　　　約 3,500人 学校園　　　約14,100人 経営形態の見直し部門 　　　　約 4,800人	特別区等 合計 約15,800人	淀川区	約2,400人
		北区	約2,800人
		中央区	約3,100人
		天王寺区	約2,600人
		一部事務組合	約300人
		学校園　※1	約1,700人
		経営形態の見直し部門（一般廃棄物、保育所、弘済院）※2	約2,800人
	大阪府 合計 約19,500人	知事部局等	約1,700人
		消防	約3,500人
		学校	約12,400人
		経営形態の見直し部門（水道、下水道、博物館、環境科学研究センター等）	約1,900人

※1　各特別区の合計　※2　各特別区の合計及び一部事務組合

　では、これらの事務を担う特別区の職員体制はどう構想されたでしょうか。実はこの問題は法定協議会が紛糾し、知事、市長が任期途中で辞職していわゆる「入れ替えダブル選挙」（2014年3月）に至る大きなテーマの一つでした。その経緯を振り返りながら、検討してみます。

　まず、副首都推進局が作成し、法定協議会の議論に付された「組織体制」の案は、特別区の職員数について、①近隣中核市6市の人口10万人当たり

の職員数の平均に、各特別区の人口を乗じて職員数を算定し、②これに中核市権限を上回る事務への対応と大阪市の特性を踏まえた要素を加算し、算定しています。これに対して、第18回法定協議会（2019年1月11日開催）で公明党の山田正和委員がこの案に対する大阪市人事室の意見を資料として提出して、疑義を唱えました。

　人事室の資料は、大阪市を廃止し4つの特別区に移行した場合、「分散化により職員数のスケールデメリットが大きく生じたり、区によって業務の偏りが生じたりする恐れがあると考えられる」として、職員不足に陥る可能性が高いいくつかの業務を例示しています。山田委員は、この人事室意見を根拠に副首都推進局の算定方式を改め、「4つの特別区の部門別職員数をそれぞれ積み上げによって算出」すべきだと主張しましたが、事務局は「積み上げ方式」による算定は住民投票が可決されたのちの「設置準備期間中に綿密な協議検討を行っていく」との答弁に終始しました。結局、この議論は山田委員の「結局これ大阪市という1つの自治体を廃止して、4つの自立した自治体を新たに設置するということを本当に軽く考えすぎているんじゃないかという風に思います」との厳しい指摘で終わっています。

　その後、ダブル選挙を経て再開された法定協議会においても、職員体制についての議論は深まることなく、ほぼこの副首都推進局案が承認されました。住民にとっては、自治体の職員の数は少ないほうがいいというのが正直な実感かもしれません。しかし、その前提には、適正な公共サービスがしっかりと提供されるという条件がついているはずです。職員不足でサービスが低下するなら本末転倒というものです。しかもそのことで特別区民が収める税金が安くなるわけではありません。

　特別区のそれぞれの業務に何人の職員が必要かは、正確には住民にはわかりません。「サービスは低下させない」「職員体制は大丈夫」といわれると、そのほうが数字上では費用対効果が上がるわけですから、賛成したくなるのも当然です。でも、効率性や経済性重視だけの考え方で、本当に大丈夫でしょうか。せめて、職員体制について、こんな議論があった経過だけは知って判断していただけたらと思います。

5 　一部事務組合
大阪特別区事務組合（仮称）って何？

(1) 大阪市を4分割しながら巨大一部事務組合を新設

　特別区が担う事務は、各特別区の責任で実施するのが原則です。しかし、5年前の旧協定書と同じく新協定書でも、事務の効率性や専門性の名のもとに、特別区が共同で運営する巨大な一部事務組合＝大阪特別区事務組合（仮称）の新設が予定されています。具体的には、介護保険事業、情報システムの管理、児童養護施設などの福祉施設や中央体育館などの市民利用施設の管理、遊休地など普通財産の管理・処分など、相互にまったく関連性のない、150余の多種多様な事務を共同処理するとしています（次ページの**表**参照）。

　一部事務組合とは、複数の自治体が別の法人（特別地方公共団体）を設立し、その法人によって特定の共通事務を共同処理するものです。しかし、大阪特別区事務組合（仮称）のように、多種多様な事務を共同処理する巨大一部事務組合は全国でも例がありません。

　東京23区では、ごみの焼却工場を共同運営している清掃一部事務組合、人事委員会や職員研修所などを共同運営する特別区人事・厚生事務組合などがあるのみです。

　大阪特別区事務組合（仮称）を新設するということは、大阪市を4つの特別区に分割しても、結局は特別区の事務を一体的に共同処理する組織が必要だということを意味します。これって一体どういうことでしょうか。

（2）4特別区と大阪特別区事務組合（仮称）は運命共同体

　これだけの多種多様な事務を一体的に共同処理することになれば、脱退や解散することも困難になり、将来、ある特別区が何かを変えたいと思っても、他の特別区すべてが同意しない限り変えられないことになります。4つの特別区と大阪特別区事務組合（仮称）はまさに運命共同体です。脱退しようにも解散しようにもまったく身動きがとれない（法的には可能だとしても）、なんとも不自由な組織がつくられることになります。

　なお、一部事務組合については、これまでも、①構成自治体の影響力が非常に強く、一部事務組合自体の自立性・自主性・主体性が十分に発揮でき

大阪特別区事務組合（仮称）の事務事業

特別区が担う事務は、各特別区で実施することが原則であるが、公平性や効率性、専門性の確保が特に必要な事務については、特別区が共同して事務を実施

区分	主な事務	一部事務組合の事務とする視点
事業の実施	・介護保険事業	・特別区設置時における特別区間の保険料・サービスの公平性等を考慮
	・民間の児童養護施設等及び生活保護施設の所管事務（設置認可、指導、助成などの事務を含む）	・施設が偏在しており、特別区の区域を越えた入所調整の公平性等を考慮
情報システムの管理	・住民基本台帳等システム　・戸籍情報システム ・税務事務システム　・総合福祉システム ・国民健康保険システム　・介護保険システム ・統合基盤・ネットワークシステム　　　　など	・共通的なシステム管理の集約と共同利用により、住民サービスを円滑に提供するとともに、特別区のコストの抑制、業務の効率性等を考慮
施設の管理等	<福祉施設> ・児童自立支援施設　・児童養護施設 ・生活保護施設　・心身障がい者リハビリテーションセンター ・特別養護老人ホーム等（弘済院）　　など <市民利用施設> ・信太山青少年野外活動センター　・長居ユースホステル ・青少年センター　・こども文化センター　・障がい者スポーツセンター ・中央体育館　・大阪プール　・靭テニスセンター、靭庭球場 <その他> ・動物管理センター　・斎場　・霊園 ・処分検討地等にかかる管理・処分	・施設が偏在しており、特別区の区域を越えて利用される施設の共同管理により、住民負担やサービスの公平性等を考慮 ・施設の更新等にかかる効率的・効果的な財源投入、財産の有効な活用・処分などを考慮

効果
◆特別区間における住民負担やサービスの公平性等を確保
◆共通的なシステム管理や所在地が偏在する施設の管理等について、共同化・集約化することにより、効率的・効果的に事務を執行、財産を管理・処分

◇以下の一部事務組合又は広域連合で実施している事務については、特別区設置の日以後においても、引き続き、当該一部事務組合又は広域連合で実施
（水防事務）淀川左岸水防事務組合、淀川右岸水防事務組合、大和川右岸水防事務組合　（後期高齢者医療事務）大阪府後期高齢者医療広域連合
（一般廃棄物処理・処分）大阪広域環境施設組合

（資料）第31回大都市制度（特別区設置）協議会資料

ない、②自治体を構成員とする特別地方公共団体であるため、住民との距離が遠い（住民の監視が届かない）、③独自の課税権がなく、財政上の自主性が欠けるなど、さまざまな問題点が指摘されてきました。しかし、これらすべての問題を丸ごとかかえ込んだ巨大な組織ができることになります。

(3) 法定協議会でも重要な問題指摘があった

　巨大な一部事務組合の新設をめぐって、法定協議会では、「事務の一体性・統一性の観点から、特別区ごとの実施が困難であるのなら、大阪府が担うべき。」「大阪市を廃止しながら、特別区設置当初から一部事務組合をつくらないと事務が回らないということ自体に無理がある。」「本来、各特別区の議会の議決を経て設置すべきものを、市長の専決で設置するとしている。手続きの適法性に疑問。」「一度設置されると脱退が困難で、各特別区の独立性・主体性を制限することになる。設置の可否自体、特別区設置後、各特別区において判断されるべき。」（いずれも第31回法定協議会における川嶋広稔委員（自民党）の提出資料より抜粋）など、いくつか重要な問題指摘がありました。しかし、こうした指摘は無視され、まともに議論されることはありませんでした。

(4) 中央図書館はどうなる？

　ところで、大阪特別区事務組合（仮称）が所管予定の市民利用施設のなかに、中央体育館は含まれているのに、中央図書館が含まれていないことにお気づきでしょうか。中央図書館は所在地が西区ですので、新中央区に行政財産として承継されるとしています。つまり新中央区立の図書館になるというのです。
　自治体が設立する公立図書館は、法律上、教育委員会所管の社会教育機関として設置・運営されています。つまり大阪特別区事務組合（仮称）の事

務に中央図書館を含めるためには、大阪特別区事務組合（仮称）の中に教育委員会を設置する必要があるということです。ちなみに、先述した東京の特別区人事・厚生事務組合の場合は、幼稚園教員の共同採用等のために教育委員会を設けています。

　だとすれば、市民全体にとって共通の財産、社会的共通資本として中央図書館が果たしている役割を考えると、大阪特別区事務組合（仮称）に教育委員会を設置し、共同運営すべきと普通ならば考えるはずです。特別区制度案（先の**表**）にも、「公平性や効率性、専門性の確保が特に必要な事務については、特別区が共同で事務を実施」と明記しているではありませんか。

　しかし、にもかかわらず、なぜか大阪特別区事務組合（仮称）の事務に中央図書館は含まれていません。教育委員会設置の手間を省きたいのか、他に教育委員会を設置したくない理由があるのか、その説明も一切ありません。謎は深まるばかりです。

6　特別区職員

採用、給与、人事異動はどうなるか

（1）特別区職員の人事制度案

　まず現状です。大阪市は政令市なので、都道府県と同様に人事委員会を設置しており、人事委員会が職員採用試験を実施し、職員の給与についても独自に市内の民間企業の給与水準を調査し、給与勧告を行っています。

　では、4つの特別区に移行するとどうなるのでしょうか。旧案も新案も同じ考え方ですが、特別区には人事委員会を置かず、公平委員会を置くとされています。理由は「各特別区において人事給与制度を構築する観点から」です。つまり特別区は独立性の高い人事給与制度を確立するという考え方です。採用試験もそれぞれの特別区で実施し、移行当初は同じでも将来的には給与水準や労働条件に違いが出てくる可能性があります。特別区はそれぞれ基礎的自治体なので、違いがあっていいと思われるかもしれませんが、疑問や懸念が出てきます。

　1つは特別区の財政状況の差によって職員処遇に格差が生じ、それが行政サービスの水準維持に影響しないかということです。また、一部事務組合に出向する職員間にも格差が生じかねません。一部事務組合の職員は組合固有の職員として雇用されることもあれば、一部事務組合を構成する自治体から派遣される場合もあります。出向の場合、派遣元の特別区の給与によって一部事務組合で同じ仕事をしても処遇が違ってくる可能性がでてきます。

　また、共済制度については、府の職員は従来通り都道府県職員が加入する地方職員共済組合に加入しますが、これまで指定都市共済組合に加入し

ていた大阪市職員が特別区の職員となった場合、各特別区を通じて大阪府
市町村職員共済組合に加入することになりそうです。

　義務教育の教員の人事・給与も変わります。大阪市立の小中学校の教員
の人事権については政令市特例で大阪市教育委員会が有しています。その
ため大阪市の小中学校の教員採用試験は大阪市教育委員会が実施してきま
した。一方、府内市町村の小中学校の教員採用試験は一部を除いて大阪府
教育委員会が一括して行い、各市町村の教育委員会に配属しています。

　ところが事務分担では住民に身近な事務は都道府県や政令市の事務で
あっても特別区が担うとされ、小中学校教職員の人事権・研修は特別区の事
務に分類されています。しかし、このノウハウをもっていたのは大阪市教育委
員会であって、4つの特別区の教育委員会がそれぞれ教員採用試験を実施する
というのはかなりハードルの高い話といえます。

　なお、教員の給与は大阪府が負担していましたが、法改正により2017
年4月からは給与の負担も政令市に移譲され、大阪市が担うようになりま
した。やっと定着しかけた制度が、再び府に戻ることになります。

(2) 東京23特別区の人事・給与制度とのちがい

　一方、東京23区は一部事務組合「特別区人事・厚生事務組合」方式（36
ページ参照）で特別区職員の採用試験は23区一括で行われ、採用後はどこの
特別区に配属されても給与水準や労働条件は基本的に同じとなっています。
また、共済制度は東京都の職員も特別区の職員も同じ東京都職員共済組合に
加入しています。

　東京都の教員採用試験は東京都教育委員会が一括して実施し、合格者は
東京都公立学校教員採用候補者名簿に登載され、区市町村教育委員会又は
都立学校での面談等を経て採用が決定されるシステムになっています。

　東京ではこうした制度で東京都職員と特別区職員の均衡や特別区職員間
の平等取り扱い、教職員の質の確保が実現されています。

7　財源配分
大阪市の基幹財源＝市税が府税に変わる

（1）市税の4分の3が府税に変わる

　特別区が設置されると、大阪市が担ってきた大都市特有の事務を中心に大阪府に移され、それに伴い市税の大部分が府税に変わることになります。しかも、その税額は府へ移される事務権限に見合う財源額をはるかに超えています。そのため、大阪府・特別区間には、一般の府県や市町村にはない財政調整制度と呼ばれるしくみが新たに設けられることになります（次項で詳述します）。

　自民党市議団作成の次ページの**図**をご覧ください。市税（2015（平成27）年度決算 6,601 億円）のうち、普通税（使途が特定されていない税金）である固定資産税 2,715 億円、法人市民税 1,319 億円・特別土地保有税（現在課税停止）の3税が府税に変わり、うち一定割合を特別区に「財政調整交付金」として交付するとしています。また、目的税（使途が特定されている税金）である都市計画税 551 億円、事業所税 268 億円の2税も府税に変わり、その一部を特別区に「目的税交付金」として配分するとしています。

　市税の主要部分が府税に変わる結果、自主財源（自治体が自らの権限で収入できる財源）として、特別区に残るのは、個人市民税 1,422 億円・区たばこ税 312 億円・軽自動車税 13 億円のみとなり、その税額は4特別区合計で 1,748 億円と大幅に減少します。

　つまり、大阪市民が納める市税 6,601 億円のうち、4,853 億円（74％）が府税に移され、特別区には 1,748 億円（26％）しか残らず、この 1,748

億円を４特別区で分けることになります。

　現在の大阪市は、歳入総額の４分の３を市税収入でまかなう、政令指定都市のなかでも自主財源の比率が高い自治体です。固定資産税や法人市民税を含めた市税はまさに大阪市の基幹財源、自主財源の大きな柱なのです。

　自主財源の比重が大きければ、行政運営の独立性は強まることになります。大阪市が単独で実施してきた、たとえば敬老パスや18歳までの医療費助成、今年度から始まった学校給食無償化などの政策は、行政運営の独立性と豊かな自主財源の裏打ちがあってこそできる政策だといえます。

　その逆に、自主財源の比率が低くなれば、自らの努力で増収したりすることが困難となり、結果、不安定で不自由な行政運営を強いられることになります。その典型が府に基幹財源を吸い上げられた、大阪の４つの特別区ということになります。

　自主財源（税収）が乏しくなれば、不足分を大阪府からの依存財源（交付金）に頼らなければならなくなります。そうしなければ特別区の財政運営

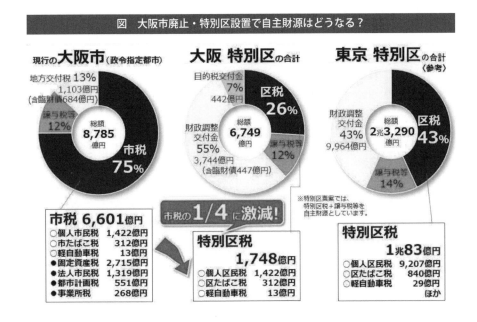

図　大阪市廃止・特別区設置で自主財源はどうなる？

自体がそもそも成り立ちません。こうして、中核市並みどころか、大阪府に依存し従属し続けること以外に生きるすべがない、「名ばかりの自治体」ができることになるのです。いうまでもありませんが、大阪府内の市町村で、府に依存し従属している自治体などひとつもありません。

（2）特別区は増大する民生費に対応できない

　さて、大阪市の一般会計の目的別歳出額決算の直近 15 年間の推移をみた、次ページの**表**をご覧ください。

　この**表**をみると、たとえば道路や河川、公園などの事業に支出される土木費が、2002 年度 4,266 億円（構成比 23.9％）から 2017 年度 1,911 億円（11.0％）と、実額・構成比ともに大きく減少しているのが分かります。それに対して、各種の福祉サービスや生活保護などに支出される民生費は、2002 年度 4,741 億円（26.5％）から 2017 年度 7,389 億円（42.4％）へと、実額・構成比ともに大きく増加しています。

　この 15 年間、一般会計の歳出合計額自体は増えていませんから、大阪市は、工事計画の見直しで土木事業を抑制するなど各年度の歳出予算の構成を組み替え、増大する民生費に財源を振り向けてきたのです。つまり、豊かな自主財源（税収）をもつ、大阪市という大きな器のなかで財政調整をしてきたことになります。

　大阪市の民生費は、今後 10 年間で 2,000 億円ほどさらに膨らむとの試算があります。少子高齢化がこれから本格化することを考えれば、十分に想定できる数字です。民生費が今後さらに膨らむであろう状況に対して、大阪市のように大きな器のままであれば、これまでと同様に、各年度の予算編成のなかで調整しながら、乗り越えることができるかもしれません。

　しかし、自主財源が少なく、しかも教育や福祉、保健サービスなど、仕事の範囲が「住民に身近なサービス」に特定されている特別区にとって、民生費が今後さらに膨らむであろう状況は、中長期的にみてもたいへん厳

しいと言わざるを得ません。小さくなった器にくわえ、融通のきく財源が
乏しいなかで、民生費の増大に対応しなければならないからです。

	区　分	2002	2007	2012	2017
	議会費	3,298	2,906	2,547	2,349
	総務費	121,744	120,094	210,082	86,550
	民生費	474,104	537,839	676,445	738,876
	衛生費	152,467	109,428	87,093	80,476
	労働費	660	438	2,214	271
	農林水産業費	243	161	86	93
実額	商工費	122,303	87,230	139,774	88,227
百万円）	土木費	426,552	295,893	163,500	191,122
	消防費	45,292	45,873	37,056	37,398
	教育費	172,766	137,783	110,560	247,074
	災害復旧費	0	0	0	0
	公債費	234,919	208,517	260,805	263,749
	諸支出金	33,622	27,119	9,094	4,628
	歳出合計	1,787,971	1,573,281	1,699,256	1,740,813
	議会費	0.2%	0.2%	0.1%	0.1%
	総務費	6.8%	7.6%	12.4%	5.0%
	民生費	26.5%	34.2%	39.8%	42.4%
	衛生費	8.5%	7.0%	5.1%	4.6%
	労働費	0.0%	0.0%	0.1%	0.0%
	農林水産業費	0.0%	0.0%	0.0%	0.0%
構成比	商工費	6.8%	5.5%	8.2%	5.1%
％）	土木費	23.9%	18.8%	9.6%	11.0%
	消防費	2.5%	2.9%	2.2%	2.1%
	教育費	9.7%	8.8%	6.5%	14.2%
	災害復旧費	0.0%	0.0%	0.0%	0.0%
	公債費	13.1%	13.3%	15.3%	15.2%
	諸支出金	1.9%	1.7%	0.5%	0.3%
	歳出合計	100.0%	100.0%	100.0%	100.0%

大阪市の目的別歳出決算の推移—2002 〜 2017 年度—

資料）各年度決算カードより作成。

8 　財政調整制度
特別区の財源不足を生むメカニズム

（1）普通税３税と地方交付税が財政調整財源になる

　大阪市税の大部分、しかも、府へ移される事務権限に見合う財源額をは
るかに超える税額が府税に変わることで、大阪府・特別区間には、財政調
整制度と呼ばれるしくみが新たに設けられることになります。

　その財源になるのが、府税に変わった普通税３税（固定資産税・法人市民
税など）で、その一定割合が特別区に「財政調整交付金」として交付される
ことになります。なお、府税に変わった目的税２税（都市計画税など）も、
一部を特別区に「目的税交付金」として配分するとしていますが、目的税
２税は財政調整財源ではなく、特別区にどの程度配分するのか、府の自由
裁量で決定できる財源であることに注意が必要です。

　くわえて、現在は国から大阪市に交付されている地方交付税も、府にま
とめて交付されることに変更され、これも府・特別区間の財政調整財源に
なります。自治体の財源として最も適切なのは、自治体が自主的に収入で
きかつ自由に使える地方税（大阪市でいえば上記の５税に個人市民税等を加えた
市税）です。しかし、全国規模でみて、自治体間の税収格差が現実にあるな
か、大半の自治体は一定水準の行政サービスを行う財源を地方税の収入だ
けで賄うことは事実上不可能です。そこで、行政サービスの一定水準の確
保と地域間の税収の不均衡を調整するしくみとして、地方交付税制度が設
けられ、国が、全国の自治体に対し、財源の調整を行っているのです。

　しかし、全国の自治体に対して財源の調整を行う地方交付税制度にも唯

一の例外があります。それが「都区合算規定」と呼ばれる、東京都の「府県分」と２３区の区域を一つの市とみなした「市町村分」を合算する方式です。この方式で必要額より収入額が少なければ、都にまとめて交付税が交付されることになります。

　なぜ例外規定がつくられたのか。その理由は、潤沢な税収がある東京都と23区を交付税制度の枠外に置くためで、都区合算方式にすれば都に交付税を交付することはないと考えられたのです。事実、合算規定によって、東京都が地方交付税の交付団体になったことは一度もありません。

(2) 大阪では「都区合算規定」がまともに適用される

　都・区を地方交付税制度の枠外に置くための「都区合算規定」が、府・市ともに交付税の交付団体である大阪では、まともに適用されることになります。

　ちなみに、府・市の地方交付税（地方交付税の不足を代替するための地方債（借金）である臨時財政対策債を含む）の額は、2016年度決算で、府が4,283億円、市が884億円となっています。この府・市への地方交付税が府にまとめて交付されることに変更されて、市への交付税の一部（342億円）が事務権限の移動に伴い府へ自動的に移転されますので、残る542億円が財政調整財源とされ、その一定割合が府から特別区に「財政調整交付金」として配分されることになります。

　ところで、大阪市が廃止されると、４つの自治体（巨大一部事務組合を１つとみなせば５つ）が新たに設置されることになります。大阪市１市のスケールメリットが失われますので、４つ（５つ）の自治体の運営経費は大阪市１市の場合より当然増加します。法定協議会委員である川嶋広稔市会議員（自民党）らが独自に行った試算では、年額約200億円程度増加する可能性があるということでした（川嶋委員は、法定協議会のなかで、増加する運営経費を試算する必要があると何度も求めましたが、聞き入れられませんでした）。

　しかし、特別区を一つの市（大阪市）とみなす合算規定のため、地方交付税が増額されることはありません。その結果、大阪市廃止後にできる4つ（5つ）の自治体は、大阪市1市より運営経費が増えるにもかかわらず、充分な財源保障が担保されないまま財政運営を強いられることになるのです。

　東京都は一貫して不交付団体ですので、23区ではこのようなことは起こりません。東京にはないリスクを承知のうえで、東京のマネをして、特別区を設置する必要が本当にあるのでしょうか。

（3）財源不足は府・市の資料でも明らか

　さて、図は、府・特別区間の財政調整によって、大阪市の一般財源額が

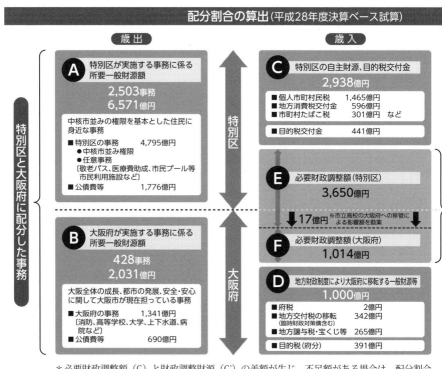

＊必要財政調整額（G）と財政調整財源（G'）の差額が生じ、不足額がある場合は、配分割合に応じて特別区と府で行財政改革等の対応が必要。余剰額がある場合は、財源として活用が可能（H28決算では不足額149億円：うち特別区分98億円、大阪府分51億円）

実際にどのように配分されるのか、2016年度決算ベースで試算したものです。なお、一般財源とは、自治体が自らの裁量で使い道を決定できる財源のことです。

まず、歳出ですが、府と特別区との事務分担（案）に沿って、大阪市の事務を、府428事務、特別区2,503事務に仕分けすると、それに対応して、府が2,031億円（B）、特別区は6,571億円（A）の一般財源が必要となるとしています。

歳入では、府・特別区それぞれの財源として、府が1,000億円（D）、特別区は2,938億円（C）を押さえたうえ、必要財政調整額4,664億円（G）を府に1,014億円（F）、特別区に3,650億円（E）配分できれば、収支均衡するとしています。

しかし、この年度の財政調整財源の額は、普通税3税が3,973億円、地方交付税が542億円、合計4,515億円（G´）でしたので、不足額は149億円、うち特別区分は98億円となっています。図の下段の注に「必要財政調整額（G）と財政調整財源（G´）の差額が生じ、不足額がある場合は、配分割合に応じて特別区と府で行財政改革等の対応が必要」とあります。この年度、特別区は、住民サービス削減や負担増などで98億円の不足額を埋める必要があるということです。ちなみに、前年度の2015年度ベースで試算した資料でも、不足額は計43億円、うち特別区分が38億円でした。

収支不足が頻繁に起きることが、収支を単純に積み上げた府・市の資料でも明らかです。住民サービス維持を求める公明党の要求に応じて、特別区設置後10年間は年20億円を特別区に追加配分すると変更しましたが、焼け石に水になりそうです。

（資料）第31回大都市制度
（特別区設置）協議会資料

9　庁舎整備

ズサンすぎる特別区の庁舎体制

（1）中之島庁舎を雑居状態で使う

　特別区の庁舎整備について、当初、庁舎スペースが不足する新淀川区と新天王寺区の区役所（本庁舎）については、新庁舎を建設するか民間ビルを賃貸するか、のいずれかを選択する必要があるとしていました。しかし、設置コストの削減（最小化）を求めた公明党の要求に応えて、最終的には、新庁舎建設などはせず、大阪市庁舎（中之島庁舎）をフル活用することで対応していくことに変更されています。

　もともと、中之島庁舎は、所在地の新北区が行政財産として承継して、新北区の区役所(本庁舎)として活用するとされていました。また、空きスペースには、新設の大阪特別区事務組合（仮称）が間借りするとされていました。その中之島庁舎に、新淀川区と新天王寺区の区役所（本庁）の職員の一部（正確には大部分）が入居することに変更されましたので、中之島庁舎は、新北区・新淀川区・新天王寺区の3区役所（本庁）が寄り合い、さらに大阪特別区事務組合（仮称）も同居するという、まさに雑居状態になっています。

　次ページの「4特別区の本庁職員の配置数」をご覧ください。

　中之島庁舎を合同庁舎としてフル活用することにした結果、新淀川区（図では第1区）の本庁職員は、区役所（本庁）に80人、区内の各地域自治区事務所に150人、区域外となる中之島庁舎に900人が分散配置されます。また新天王寺区（第4区）の本庁職員も、区役所（本庁）に150人、区内の各地域自治区事務所に440人、区域外の中之島庁舎に610人が分散して配置

されることになります。

　ちなみに、他の2区はどうなっているのか。新北区（第2区）の本庁職員は、中之島庁舎（本庁）に730人、各地域自治区事務所に590人が分散配置。また新中央（第3区）の本庁職員は、区役所（本庁）に150人、各地域自治区事務所に440人、南港のATCに710人が分散配置されることになっています。

　大阪市を4つに分割して、特別区という新しい自治体を設置するにもかかわらず、なんともズサンな本庁職員の配置です。なかでも新淀川区と新天王寺区の2区では、当該特別区の区域外に庁舎を置いて多くの職員を常駐させるという、設置コストの問題として片づけることができない、市民の利便性を無視した、非常識で、極めて問題のある庁舎体制がつくられようとしています。

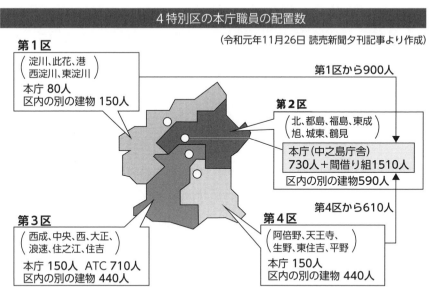

4特別区の本庁職員の配置数

（令和元年11月26日 読売新聞夕刊記事より作成）

第1区
（淀川、此花、港
西淀川、東淀川）
本庁 80人
区内の別の建物 150人

第1区から900人

第2区
（北、都島、福島、東成
旭、城東、鶴見）
本庁（中之島庁舎）
730人＋間借り組1510人
区内の別の建物590人

第4区から610人

第3区
（西成、中央、西、大正、
浪速、住之江、住吉）
本庁 150人　ATC 710人
区内の別の建物 440人

第4区
（阿倍野、天王寺、
生野、東住吉、平野）
本庁 150人
区内の別の建物 440人

※府・市の資料を基に作成。数字はすべて概数。　※地域自治区の事務所の人数を除く。

（資料）川嶋広稔議員（自民党）配布資料（第31回大都市制度協議会）

（2）災害時の対応は現在よりぜい弱な体制に

　このようなズサンな庁舎体制で、災害時に本当に対応できるのか、住民の安全・安心は守られるのか、大いに疑問です。たとえば勤務時間中に災害が起きた場合、当該特別区とは離れた中之島庁舎に多数の職員が常駐しているため、初動対応や被害状況の把握など、さまざまな面で対応が困難となる事態が十分予想されます。

　ちなみに、災害時の対応について、現在は、大阪市災害対策本部と24区災害対策本部が設置され、それぞれが連携しながら対応する体制となっています。しかし、特別区設置後は、4つ（4区）の災害対策本部が置かれるにすぎません。現在の24カ所の区役所は、窓口機能中心の地域自治区事務所に変わりますので、災害対策本部は設置されません（各特別区が作成する地域防災計画に位置づければ、設置することは可能とはしています）。災害時の対応は、現在よりぜい弱な体制になることは明白です。

（3）必要なコストを将来に先送りしただけ

　さて、特別区を設置して、上記のようなズサンな庁舎体制に変えるのにも、多額の費用がかかるとしています。法定協議会に示された試算では、初期費用（イニシャルコスト）が241億円。内訳は、情報システム改修費が182億円、庁舎警備費が46億円など。毎年必要となるランニングコストは、情報システムの運営費など、現在より30億円増加するとしています。なお、ランニングコストには必要な職員増のコスト（年額20億円余り）は含まれておらず、しかも、その積算根拠もあいまいで、職員数は大幅に不足しているとの指摘もあります。

　なお、初期費用は、中之島庁舎のフル活用によって、新庁舎建設費314億円を削減したものです。しかし、新北区の行政財産である中之島庁舎に、

他の特別区の本庁職員がいつまでも同居できるわけがありません。いずれ新庁舎建設のコストが必要となりますので、コストを削減したというより、必要なコストを将来に先送りしただけといえます。

　最後に念のため。初期費用やランニングコストは、大阪市が存続すれば不要な経費です。しかも、特別区設置の経費について、国や大阪府が面倒をみることは一切ありませんので、特別区民がすべてを負担することになります。

コストの試算（総括表）

イニシャルコスト	ランニングコスト
241	30

（単位：億円）

	項　目	総　額	特別区全体	大阪府
イニシャルコスト	システム改修経費	182	156	26
	庁舎整備経費	46	35	12
	庁舎等改修経費	41	35	7
	民間ビル賃借保証金	5	—	5
	移転経費	4	4	0
	その他経費	9	9	—
	合　計	241	204	38
ランニングコスト	システム運用経費	32	21	11
	民間ビル賃借料	▲3	▲8	5
	各特別区に新たに必要となる経費	1	1	—
	合　計	30	14	16

（資料）第31回大都市制度（特別区設置）協議会資料

10　地域自治区事務所
大阪市「区役所」とは異なる

(1) 旧行政区ごとに地域自治区を置く

　2015年の協定書との違いのひとつに旧行政区ごとに地方自治法上の地域自治区を設置し、現区役所庁舎を地域自治区事務所として活用するとしたことがあります。のちに地域自治区事務所をこれまで通り「区役所」と呼ぶことが決められ、機能が違うにもかかわらず「区役所は残る」といった表現も現れ、賛否が議論になりました。しかし、その議論に入る前に、そもそも地域自治区とは何か、現在、大阪市にある区政会議とどこがちがうのか検討しておきましょう。

　「地域自治区」制度は、新合併特例法に基づく「合併特例区」などを準用する形で、2004年の地方自治法改正で登場したものですが、全国的に有効に機能している自治体はほとんどないといわれています。地域自治区は住民自治組織として地域協議会の設置が義務付けられていますが、その構成メンバーは地域の有力者や団体代表に偏ること、その機能も市長の地域課題における諮問答申機関にとどまるとの批判があります。

(2) 住民自治協議会と「ニア・イズ・ベター」

　ところで、地方自治には団体自治と住民自治があるといわれます。地方分権も国の省庁から地方自治体に権限や財源が移譲されるだけでは不十分で、住民自らが自分の住むまちのことを決める住民自治の拡充がなければ

本当の意味での地方分権になりません。現在、日本の多くの自治体で、市町村合併とは関係なく、この住民自治拡充の取り組みが、粘り強く取り組まれています。その最大のテーマが小学校区など、より小さな地域をエリアとする住民自治システムをどう構想するかということです。まさに「ニア・イズ・ベター」への挑戦です。

この住民自治システムの構築に向けて、多くの自治体では「○○市自治基本条例」などを制定し、その中で「住民自治協議会」などの地域組織を設けています。住民組織への財源を伴う権限移譲の制度設計は難しい課題です。しかし、地域コミュニティの現場では、試行錯誤を重ねながらボトムアップで住民自治にふさわしい制度（ルール）づくりがはじまっています。

（3）大阪市における都市内分権と住民自治の現状

では、大阪市ではどうでしょうか。大阪市は大都市であり、24行政区への都市内分権が課題でした。同時に、それは小学校区など、より小さく身近な地域での住民自治システムを区行政の中にどう根づかせるかという課題でもありました。

そこで大阪市では、おおむね小学校区を範囲として、地域団体やNPO、企業などの団体が集まり、様々な地域課題の解決やまちづくりに取り組む仕組みとして「地域活動協議会」を置いています。2019年7月現在、326地域で組織されており、NPO法人や一般社団法人を設立した協議会もあります。一方で、協議会が設置されていない地域もあり、地域格差を生んでいると指摘されるかもしれません。住民自治を担う市民の側の責任感や調整能力が問われているともいえます。

他方、大阪市はこの間、局から区役所への権限移譲を進めてきました。そして「区長は区民の意見やニーズをしっかりと把握し、区民が区政運営に参画し評価する」（大阪市ホームページ）ための組織として「区政会議」が設置されました。「区政会議」の委員は区長の求めに応じて区の総合的な計画

や区の主要施策の予算及び実績評価について意見を述べることができます。しかし、「区政会議」の現状に対して「職員からの説明を一方的に聞かされる会議に終わっている」という批判が強いのも事実です。

　区政会議を有効に機能させるためには、地域活動協議会の活性化に裏打ちされた住民主導による政策提案の場としていかなくてはなりません。

（4）「大阪都構想」と住民自治

　「大阪都構想」はひとつの政令市を4つの特別区に分割するものですが、行政区の側から見れば、5ないし7の行政区をひとつの特別区に"合併"する構想と言えます。特別区を基礎自治体と見れば、かつての大阪市よりも規模は小さく身近に見えますが、身近な行政機関である「区」と比べれば遠くなります。

　法定協議会で確認された「特別区制度（案）」は、特別区の設置により市民に「育んできた今の地域コミュニティが壊れるのでは…」、「地域の声が届かなくなるのでは」、「区役所の窓口が、今より遠くなるのでは」などの不安があるため、「地域自治区」を設置するとしています。これは平成の大合併における「合併特例区」設置とよく似た論理です。また地方自治法による「地域自治区」と現在の大阪市の「区政会議」を比較して、「24区単位で住民意見を区政に反映する役割は、現在の区政会議と地域協議会は共通」と説明されています。ここでいう「区政」とは「特別区政」のことです。つまり現在の「区政会議」を地域自治区の地域協議会に衣替えすることで、旧行政区単位の住民の声が特別区に届くようにするというねらいです。

　二つの懸念を指摘しておきます。第一は、いまの「区政会議」は本当に区民の声を大阪市政に届ける役割を果たせているのでしょうか。その役割を果たすためには住民自治組織である「地域活動協議会」の活動とその相互連携がもっと活性化し、小学校区単位の「地域の声」を「区民の声」にまとめ上げていく取り組みが必要不可欠になります。第二は、「特別区」に

住民の声を受け止める力があるのでしょうか。協定書では「住民自治の拡充のための特別区」と言っていますが、都市計画権限の主要部分や上下水道、消防の仕事などは府に移管されます。また、介護保険は一部事務組合が担い、一特別区だけでは決められません。そうしたなか「区政会議」の声を府や一部事務組合に届ける回路は限りなく遠くなります。

(5)「区役所」と地域自治区事務所は違う

　最後に「協定書（案）」が「区役所」と呼称することを決めた地域自治区事務所について検討しておきます。もちろんこれは本来の呼称としては問題があります。特別区は、かつては実質東京都の内部組織でしたが、長年にわたる特別区への権限移譲の取り組みを経て、2000年の地方自治法改正で「基礎的自治体」と明文化されました。その意味では、東京において新宿区役所や千代田区役所というように、大阪においても特別区の本庁舎を「区役所」というのが適正でしょう。

　また、地域自治区の事務所は、大阪市の行政区の庁舎としての「区役所」とも全く異なります。大阪市においては、他の政令市に比べて区役所への権限移譲が不十分との指摘を受けてきました。しかし近年、区への分権が大きく進みつつありました。

　住民から見ると区役所は、保健福祉サービスや住民票の交付など、身近な窓口サービスを提供するところと受けとられやすいと思います。もちろんこれらは区役所にとってとても重要な機能でもあります。その意味では地域自治事務所に、こうした窓口機能を残すことは間違いではありません。

　しかし、大阪市の様々な行政分野の政策決定に区役所が、すなわち区を単位とする地域性をもった住民の声が関与できるシステムをどうつくるかという、区役所への権限移譲の最大の関心事は忘れ去られました。多くの権限を失った特別区の、さらにその出先の窓口でしかない「事務所」を「区役所」と呼んで本当にいいのでしょうか。

11 東京都区制度との比較

大阪の特別区は
東京23区と決定的にちがう

(1) 東京の場合、財政調整が結果として求心力に

　東京都と23区の間には、都区財政調整制度と呼ばれる、本来であれば市町村として23区が課税すべき税金を東京都が課税し、その一部を財政調整交付金として23区に配分するという、特別な制度があります。

　であれば、損をしている23区の側から文句が出そうです。しかし、なぜか文句は聞こえてきません。それは、この財政調整制度によって収入が多くなる区がほとんどだからです。本来ならもっと多額の税収があるはずの都心の3、4区を除いて、他の20近くの特別区は、この制度によって、一般の市町村であったら得られない以上の収入を得ています。だから文句が出ないのです。また、東京都も、本来の都税に加えて毎年1兆円超もの過大な収入を得ています。つまり都にとっても、また都心区を除く大部分の特別区にとっても、意図せず結果的にそうなったとはいえ、財政調整制度が求心力となっているのです（なお、都心区の機嫌を損なわないよう配慮もされています）。まさに東京一極集中の恩恵です。

　東京都の23区に対する行財政のコントロールの手段である都区財政調整制度が、都心区の余剰財源を周辺区に配分するしくみとして機能し、23区は総じて恵まれた財政状況を保持、どの特別区も住民サービスの水準が高く、職員数なども周辺自治体と比較してかなり多い傾向にあります。

(2) 大阪では東京と真逆に

大阪市を廃止して特別区を設置すれば、大阪でも、東京都と23区のように、求心力を生む「おいしい」しくみができるかもしれないと思う人がいるかもしれません。しかし、残念ですがそうはなりません。

東京の「おいしい」しくみは、くり返しますが、都心の一部のエリアに大企業を中心とした本社機能が集中していることによって生まれています。しかし、大阪市域には、東京都心の一部エリアのように突出して財源に恵まれた地域はなく、どのように区割りをしても、求心力となるしくみをつくるのは困難です。そもそも求心力を生むための原資（突出して潤沢な税収入）がどこにもありません。

大阪の特別区は、東京23区とは違って、大阪府に権限と財源を吸い上げられてコントロールされるだけ、損をするだけで見返りは何もないということになります。地方交付税も合算方式で増額されず（47ページ参照）、財政の困窮化も避けられそうにありません。

求心力どころか、府から配分される財源をめぐって、府と特別区の間で争いが起き、毎年のように論争が繰り返されることが十分想定されます。さらに、4つの特別区の間でも、財源の確保をめぐってシビアな利害対立が生じ、特別区同士が相争う事態さえ起きかねません。そのときになって、分割された特別区をいったん解消して、元の大阪市に戻りたいと思っても、もう戻ることはできないのです。

(3) 人口の割合も大きくちがう

東京と大阪の人口構成のちがいも決定的です。

東京23区は人口が927万人で都の人口1,352万人の約7割を占めています。そのため、23区から選出される都議会議員数は87人で、当然のこ

とですが、全議員数 127 人の 7 割を占めています。一方、大阪市は人口が
269 万人（2015 年国勢調査）で府全体 884 万人の約 3 割、大阪市内選出の
府議会議員数も 26 人と全議員数 88 人の 3 割となっています（**表**参照）。

　東京には 23 区の区域を代表する「東京市」という自治体政府はありませ
ん。しかし、23 区から選出される都議会議員数が都議会で 7 割を占めると
いう事実が、「東京市」が存在しない現実をカバーしている側面があるので
す。

　東京都は、本来ならば「東京市」が担うべき都市計画や水道・消防など
の事務を行っていますから、23 区の住民にとって都議会は東京市議会でも
あります。もちろん市議会は存在しません。しかし、都民の 7 割を占める
23 区民の人口比率が、都議会を事実上の市議会であることを可能にしてい
るわけです。

特別区の人口・区議会議員数・府（都）議会議員数		
特別区	人　口	区議会議員数
淀川区	595,912	18
北区	749,303	23
中央区	709,516	23
天王寺区	636,454	19
4区合計	2,691,185	83
4区平均	672,796	21
（参考）4区選出府議会議員		26（88）
（参考）		
東京23区合計	9,272,740	902
23区平均	403,163	39
（参考）23区選出都議会議員		87（127）

（注）人口は 2015 年国勢調査。

　一方、大阪の場合は、大阪市域を代表する「大阪市」という自治体政府が消滅させられ、大阪市の重要な権限と財源が府に吸い上げられてしまうのに、市域からは府議会議員の３割しか選出できないという厳しい現実が始まることになります。市域住民の声は府内残り７割の声を前にあまりにも無力です。

　270万大阪市民を代表する自治体政府の消滅は、市域の民主主義の発展に大きな損失ですが、同時に、府域全体の民主主義の発展にも大きなマイナスになるにちがいありません。

第2章

特別区の仕事（分野別）と市民生活

　第1章では、「特別区設置協定書（案）」「特別区制度（案）」に基づき、制度としての問題点を整理しました。しかし、それだけでは「都構想」の中心をしめる特別区の本当のすがたは見えてきません。

　政令市である大阪市が担う行政サービスは膨大であり、かつ複雑に関連しあっています。同時にそのシステムは、けっして固定的なものではなく、たえず動いています。

　第2章は、大阪市民の皆さんに直接影響を与える基礎的な公共サービスを9つの項目に分け、現在の大阪市のサービス水準と比較しながら、特別区の実像に迫ります。その具体的すがたは、都構想のメリットが盛んに喧伝されている分野です。はたして物事はそんなに簡単にいくものでしょうか。

12　学校教育・図書館
見えない特別区の教育行政
～ニア・イズ・ベターの教育は実現できるか～

（1）維新市政下の大阪市の教育政策

　「都構想」が実現すると大阪市教育委員会は廃止され、特別区ごとに特別区教育委員会が設置されることになります。この制度改革の是非やメリットとデメリットを検討するには、維新政治がとってきた教育政策を抜きには語れません。維新の市長が誕生して9年近くになります。その間、様々な教育政策が実行されてきました。主なものとして、公募校長制度導入（2012年度～）、塾代助成（2012年度～）、学校選択制導入（2014年度～）、市独自の学力調査（2016年度～）、公設民営学校の開設（2019年度～）などです。こうした「改革」は、新自由主義的、学力偏重、拙速といった批判を招きつつも、具体的な数値目標、学校の結果責任を掲げるなど、教育政策の充実につながるという期待を込めて受け入れられてきました。

　しかし、これら改革は、特に学校選択制がそうですが、地域コミュニティの崩壊が危惧されるなど、負の側面をもっています。維新の教育政策の源は、1980年代イギリス（サッチャー政権）、アメリカ（レーガン政権）ではじまったものですが、現在は学校間競争の助長、経済格差の固定化といった批判にさらされています。実際に大阪市でも、中学生チャレンジテストの高校入試への活用において学校間で不公平が生じる評価システムを導入したり、能力主義的色彩の強い公設民営学校を民間教育事業者の活用によりトップダウンで推進するなど、政策の是非や効果の有無について検証すべきものがあります。

(2) 学校教育の「ニア・イズ・ベター」は実現するか

　教育を「ニア・イズ・ベター」の観点で進めるには、人口275万人の都市は大きすぎるのは事実で、より地域に密着したサブシステムの構築が必要です。では、維新の教育政策は「ニア・イズ・ベター」の観点からみてどうでしょうか。実態は地域の自主性尊重とは反対に、上からの統制を強化するかたちで進められてきました。

　例えば、小中学校の教科書は、それまで市内8地区ごとに採択していたのを、2013年度、転校先の学校でも同じ教科書を使えるなどの理由で全市1地区への統合を決定。2015年度に中学校社会科で、問題が指摘されている育鵬社の教科書が採択され、その経過の不透明さが疑念を呼びました。ところが2019年度には、再度採択地区を分割、その区割りは「都構想」4区と一致しています。

　また、学校統廃合は、地域の反対で前進しないとして、2020年に統廃合の促進をめざす条例を制定。地元住民の合意による決定を否定するような政策をとっています。

　一方で、人口275万人の政令市ゆえにもちうる、教育の質向上のスケールメリットは確実に失われます。大阪市が現在もっている学校事務の共同実施のための「学校運営支援センター」や、研究・研修機関である「大阪市教育センター」、教育関連施設間の逓送業務などは各特別区の業務とされています。しかし、各特別区がこれまでの機能を維持しようとすれば、コストアップは必ず発生し、予算は厳しくなることが予想されます。

(3) 大阪市立図書館の分割から見えるもの

　社会教育・生涯学習のうち、教育委員会が担うものの代表に図書館があります。現在の大阪市立図書館は、中央図書館を中心に、図書等を融通しあっ

表1　主要政令市図書館統計比較

自治体名	人口 （千人）	蔵書数 （千冊）	個人貸出数 （千冊）	団体貸出数 （千冊）	図書館費 （2016決算、千円）	市民一人当たり 図書館費（円）
大阪市	2,691	4,200	12,091	273	1,408,472	523.4
順位	2	1	1	1	2	13
札幌市	1,948	2,639	5,954	20	756,165	388.2
横浜市	3,736	4,113	10,522	53	1,469,389	393.3
川崎市	1,474	1,918	6,606	33	482,364	327.2
名古屋市	2,279	3,276	10,573	97	1,180,346	517.9
京都市	1,418	1,830	7,030	39	790,649	557.6
神戸市	1,546	2,071	6,446	85	949,027	613.9
福岡市	1,515	1,956	4,060	223	1,117,570	737.7

※大阪市の「順位」は20政令指定都市の中での順位。

たり自動車文庫を運行したり、限られた予算で質の高い市民サービスの確保に向けて工夫しており、**表1**の通り、政令市でも高水準のサービスを行っています。また、図書の発注や建物の維持管理を中央図書館で一元的に行うなど、運営の効率化を図っています。

「協定書（案）」では、図書館事業は特別区に属し、現在の市立図書館の所在する場所に帰属するとされています。中央図書館も例外ではありません。現在の大阪市の図書館を特別区に単純分割すると**表2**のとおりです。

当然、中央図書館を擁する中央区の蔵書冊数が飛びぬけて多くなります。収蔵場所や蔵書構成を考えると、中央図書館の蔵書を各区に分割すればいいということにはなりません。「都構想」は常々、現行の市民サービスは維持されると宣伝されますが、一体的に行ってきた業務を特別区でそれぞれ実施するにはコストアップは避けられません。また、築き上げた財産としての蔵書の分割は、文化的資産の散逸につながります。

橋下市長（当時）は2015年、「都構想」での図書館に対する市民の不安に対し「すでに作った市立中央図書館は潰しませんが、でも、ゆくゆくは各特別区で今風の使いやすい地域図書館を複数作っていくのでしょうね。それができるのは特別区、大阪都構想」とツイッターで述べています。実際、

区名	人口	図書館数	蔵書冊数
淀川区	599,606	5	417,421
北区	770,606	7	597,240
中央区	720,780	7	2,707,232
天王寺区	637,990	5	428,001

表2　特別区の蔵書数

（大阪市立図書館年報・平成31年度より）

人口約68万人の東京都足立区には15の図書館があります。より身近な図書館が増えることは喜ばしいことですが、現行サービスを維持するのに必要な財源確保も見通せない中で、特別区がさらに予算を割いて図書館を運営できるか保証はありません。

　これに限らず、現行教育政策の事業ごとの方針一覧には「各特別区で判断の上実施」の文字が散見され、現在の行政サービス水準の維持、特別区における住民満足度の向上は、いわば検討なしの"空手形"であることに注意が必要です。

（4）現行サービス水準の維持の根拠が示されていない

　教育行政、特に学校教育については、協定書に示された制度案に対する是々非々より、この間の維新の首長によって進められてきた大阪府、大阪市の教育改革をどう見るかという視点から、都構想がめざす教育の内容を見極める必要があります。「ニア・イズ・ベター」を標榜しながら、学校教育と地域コミュニティを分断する「学校選択制」を推し進めていることの矛盾にこそ、本当の問題点が隠されています。

　また、都構想に関連する副首都推進局の資料では、教育政策についても、「現行の行政サービス水準の維持」「特別区における住民満足度の向上」という表現が散見されますが、それを保証する客観的な根拠が示されていません。大阪市と同じ水準のものを特別区ごとに整備しようとすれば、必然的にコストが上がります。そのことは、特別区ごとに試算を積み上げれば明らかになりますが、そうした試算は見当たりません。「都構想」が「絵に描いた餅」と批判されるゆえんです。

13 児童福祉
特別区ごとに 1 つの児童相談所
～ドロ縄式の計画案～

(1) 児童相談所の設置主体について

　新型コロナ禍で学校が閉鎖されていた期間、家庭内暴力や児童虐待が多発していることが、新聞等で報じられています。こうした動きから、子どもたちを守る児童相談所の大切さが確認できます。

　「都構想」は、各特別区に児童相談所を設置することが大きな利点のように宣伝されています。本当にそうでしょうか。

　児童相談所（以下、児相）は 2004 年の児童福祉法改正により、都道府県や政令市だけでなく、中核市程度の人口規模を有する市や特別区でも設置できるようになりました。すでに横須賀市、金沢市、明石市が設置しており、東京都の特別区では世田谷区と江戸川区が今年 4 月に開設しました（荒川区も年内に開設予定）。しかし、専門職員の確保や育成に時間がかかること、児童福祉施設や里親制度の活用における東京都や他区との連携の問題などから、慎重な特別区も存在します。

(2) 職員数、設置数とも倍増が求められている大阪市の児童相談所

　いま、児童相談所は急増し深刻化する児童虐待への対応に追われています。政府は 2018 年 12 月、「児童虐待防止プラン」を取りまとめ、専門職員を 2022 年度までに約 2900 人増員することを決めました。大阪市は深刻で、2018 年 4 月 1 日時点で 61 人の配置不足でした。不足数は政令市で

ワースト 1 です。

　この状況を受けて大阪市戦略会議は 2019 年 10 月、児童相談所数を 2 カ所から 4 カ所に増設し、職員数を現行の約 260 人から 527 人に増員することを決定し、現在取り組み中です。

　児童相談所の個所数と職員数を極めて短期間のうちに倍増するというのは、それだけでも大変難しい課題です。増員のためにはベテランの専門職員は膨大な相談ケースを抱えながら、新人職員の育成指導も担わなければならなくなり、また増設となれば管理職や総務部門はこのための業務対応に忙殺されるからです。

(3) 増員・増設と 4 分割を同時に進めることは困難

　法定協議会に示された計画では、2025 年の大阪市廃止までに 4 カ所・527 人体制を確保したうえで、特別区設置時に 30 人程度の増員を行い、4 つの特別区に分割、翌 2026 年には現こども相談センター（大阪市中央児相）の建て替えを完了し、1 特別区 1 児相体制を完成するという案になっています。この案だと中央児相はわずか 5 年の間に現在進行中の 1 カ所増設に加え、もう 1 カ所増設を完了させ、さらに 2026 年に開設できるように 1 カ所の建て替えを進め、併せて職員を倍増させるという膨大な業務をけん引しながら、同時に特別区設置時には自らを 4 つに解体・分割する準備を進めるということになります。これはどう考えても無理な計画と言わざるをえません。

(4) 1 特別区 1 児童相談所は望ましい形か

　現在の大阪市の児童相談所の組織図（71 ページ）をご覧ください。大阪市こども相談センター（中央児相）と南部こども相談センターの 2 カ所体制ですが、両者の規模、機能は大きく異なります。例えば里親相談、教育相

談を担う部署は中央児相にしかありませんし、職員の陣容も手厚く、法務、医務、心理など専門分野の管理職もここだけです。

　また、中央児相には24時間365日体制で大阪市全域の虐待通告・相談に対応する児童虐待専用電話「児童虐待ホットライン」が設置されており、夜間でもこどもの安全確認や身柄の保護に駆け付けられるようにケースワーカーや心理職員、警察OBが待機しています。ちなみに、この業務には南部児相の職員も参画します。

　特別区に児相を設置する場合、南部児相のようなブランチ機能だけでは不十分です。中央児相と同様の役割を持つ児相を4つ作るなら確かに機能強化と言えるでしょう。しかし、そのためには法定協議会で示された職員数ではとうてい足りません。しかし、職員数を増やすことは財政的には厳しいでしょう。

　もう一つ問題があります。協定書案では、民間の児童養護施設等の設置認可に関する事務や大阪市立の児童自立支援施設、児童心理治療施設、児童養護施設の施設管理先は一部事務組合（36ページ参照）が受け持ちます。一部事務組合も一つの自治体であるため各特別区の児相の判断だけでは入所先の施設が決定できない可能性が出てきます。そのため現状でも児童福祉施設不足のため長期化する傾向にある一時保護期間がより長期化したり、特別区間に差が出たりする可能性があります。このように、各特別区に児相を設置することが新たなデメリットを生む可能性があることも見ておく必要があるでしょう。

（5）児童相談所に必要な改革とは

　虐待との関係ばかりが注目されることの多い児童相談所ですが、虐待発見後の対応を強化するだけでは、虐待はなくせません。本当の解決のためには専門機関である児相と学校や幼稚園、保育所、地域の身近な子育て支援機関が連携し、地域の中でこどもと子育て家族を支える体制を築かなく

てはなりません。児童虐待の背景にあるといわれるこどもの貧困対策も重要です。

　そうした施策を総合的に展開するために、住民により身近な自治体が児童相談所を設置するすることには意義があります。しかし、そのためには財源確保の問題も含めてしっかりした制度設計と政策議論が必要です。本当にそれは尽くされたのでしょうか。

大阪市こども相談センター組織図　　　2019年5月1日現在

組織図　職員数410名、本務職員288名うち兼務7名・再任用(フルタイム)5名　※非常勤等122名うち再任用【短時間】

71

14　地域福祉
高齢者の介護・福祉は大丈夫か？
～介護保険と社会福祉協議会を事例に～

（1）大阪市の高齢者福祉政策

　大阪市は 2018 年から、介護保険料を約 1,200 円値上げし、月額 7,927 円としました。全国一高額の介護保険料としてマスコミは批判的に報道しましたが、保険料はサービス給付量の推計から逆算されることを見逃してはなりません。介護保険料が高いことは、給付されるサービス量が多いことでもあります。大阪市のホームヘルパー数は 65 歳以上の人口千人当たり 18.6 人で、政令市で 1 位です。

　大阪市の介護保険料が高い、すなわち介護給付が多くなる要因のひとつは、高齢者世帯に占める単独世帯の割合の高さにあります。65 歳以上世帯に占める単独世帯の割合は全国平均で 27.3%、政令市平均で 32.0% ですが、大阪市では 42.4% に達します。そのうち、単独世帯の要介護（要支援）認定率は 36.0% で、その他世帯の 17.2% を大きく上回っています。

（2）一体性が欠かせない高齢者福祉政策

　介護保険料を抑えるためには介護予防も重要です。その優等生に長野県があります。長野県は日本一の長寿県ですが、県民あげた「減塩運動」を中心に、介護予防に重点をおいた保健活動に取り組んでいます。脳の活性化体操「須坂エクササイズ」で有名な須坂市の 2015 年の要介護認定率は 13.7% と大阪市の 24.1% を大きく下回っています。

　つまり自治体に求められるのは、介護基盤整備だけでなく、介護予防も

重要だということです。そのため市町村は介護保険料の算定を含む介護保険事業計画を単独で策定するのではなく、高齢者保健福祉計画と一体的なものとして策定するのが通例です。

2018年に策定された「大阪市高齢者保健福祉計画・介護保険計画」の5つの重点課題に、「介護予防の充実、市民による自主的活動への支援」が盛り込まれ

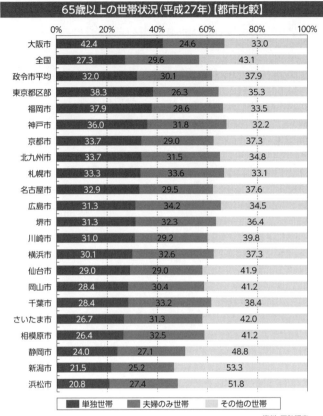

65歳以上の世帯状況（平成27年）【都市比較】

	単独世帯	夫婦のみ世帯	その他の世帯
大阪市	42.4	24.6	33.0
全国	27.3	29.6	43.1
政令市平均	32.0	30.1	37.9
東京都区部	38.3	26.3	35.3
福岡市	37.9	28.6	33.5
神戸市	36.0	31.8	32.2
京都市	33.7	29.0	37.3
北九州市	33.7	31.5	34.8
札幌市	33.3	33.6	33.1
名古屋市	32.9	29.5	37.6
広島市	31.3	34.2	34.5
堺市	31.3	32.3	36.4
川崎市	31.0	29.2	39.8
横浜市	30.1	32.6	37.3
仙台市	29.0	29.0	41.9
岡山市	28.4	30.4	41.2
千葉市	28.4	33.2	38.4
さいたま市	26.7	31.3	42.0
相模原市	26.4	32.5	41.2
静岡市	24.0	27.1	48.8
新潟市	21.5	25.2	53.3
浜松市	20.8	27.4	51.8

資料：国勢調査

ているのはそのためです。そこには「いきいき百歳体操」の普及など介護予防事業や健康づくり、生活習慣病予防、高齢者の社会参加と生きがいづくりなどが列挙されています。

（3）高齢者福祉は特別区、介護保険は一部事務組合でいいのか？

「協定書（案）」では、高齢者福祉は住民に身近な事務として特別区の事務となります。一方、介護保険事業については特別区が共同して設置する

一部事務組合が担うことになります。このままだと介護保険料算定を含む介護保険事業計画は一部事務組合が策定し、高齢者保健福祉計画は各特別区が策定することになりそうです。

　このため特別区間の要介護高齢者数や高齢者の所得格差、単独世帯数などにちがいがあっても、介護保険料は一律になります。問題は特別区間で介護サービスの給付量や介護保険料の負担割合に格差がでてきたとき、介護保険事業の円滑な運営が可能かということです。

　例えば、ある特別区が多くの区税を投じて介護予防対策を講じ、介護給付が抑制されるという成果が出たとして、にもかかわらず介護保険料はそのままか、あるいは上がった場合、その特別区民は納得できるでしょうか。これは決して情緒的な問題でなく、地方自治制度の原則にもとづく問題です。だからこそ大半の自治体が単独で保険者機能を担っているのです。

(4)「地域包括ケアシステム」はどうなるか

　次に「地域包括ケアシステム」の問題を考えてみます。「地域包括ケアシステム」は、高齢者が住み慣れた地域で自立した生活を営めるように介護予防や保健指導で支援しつつ、必要とされる場合には医療（医療保険制度）や介護（介護保険制度）に的確につなげるために、必須のシステムです。

　大阪市では市域を66の日常生活圏域に区分し、それぞれの圏域に設置された地域包括支援センターがその中核的な役割を担っています。この地域包括支援センターは大阪市の委託事業として民間事業者が担っていますが、各区1カ所はそれぞれの区社会福祉協議会（住吉区社協は2カ所）が受託しています。区社協は社会福祉法人格を有しており、そこに働く専門職員は大阪市社会福祉協議会から派遣されています。他方、大阪市社協は「大阪市ボランティア・市民活動センター」や「大阪市社会福祉研修・情報センター」、「おおさか介護サービス相談センター」など大阪市における地域福祉の中枢的な事業を担っています。市社協と区社協が連携しながら、地域

福祉に欠かせない専門知識をもった人材育成も可能とするシステムが築かれています。

(5)「大阪都構想」と社会福祉協議会

　実はこの社会福祉協議会が「都構想」になるとどうなるかが、まだ明らかになっていません。大阪市が廃止された場合、大阪市社会福祉協議会を廃止して特別区ごとに特別区社協を設置するか、特別区4区共同で大阪市社協の枠組みを引き継ぐかを選択しなければなりません。高齢者の介護・福祉行政は各特別区が担うことから、4つの特別区社協の設置が現実的と思われます。その場合、大阪市社協が担ってきた「大阪市ボランティア・市民活動センター」などの市域全体を対象とした事業を特別区ごとに整備する必要があります。他方、今ある区社協は政令市にしか認められないので、廃止されることになります。そのため、これまで大阪市社協・区社協の連携でつくってきた地域福祉のシステムが支える現在のサービス水準は、分割によりコストアップする財源が確保されなければ維持できません。

(6) 2025年の時点から高齢社会を考える

　「団塊の世代」がすべて75歳以上となる2025年の時点から、いま何をなすべきかを考えるのが現在の高齢社会対策の基本と言われています。あと5年しかありません。まさにその2025年に大阪市は廃止され、特別区に分割される可能性が高まっています。高齢者の介護・福祉システム、水準がそのために混乱したり低下したりすることがないように、もっと緻密なシミュレーションが必要なのではないでしょうか。

15　保健衛生・医療
政令市の高度な専門的機能を分断
～コロナ禍で問われる大阪の安全・安心～

(1) コロナ禍があぶりだした公衆衛生と公的医療の衰退

　新型コロナウイルスの感染拡大のなかで、医療崩壊の危機と PCR 検査をはじめ検査体制の不備が問題化しました。このことの背景には、行政改革の名のもとに進められた保健所や公立病院の見直しによる、公衆衛生機能の脆弱性、公的医療の衰退があります。

　一方で、コロナ対策にあたる吉村知事のリーダーシップが「大阪モデル」として高く評価され、緊急事態においては知事への権限集中が効果的であるというような言説も登場しています。

　コロナ対策は、いまだ道半ばであり、即断は許されません。本稿では、新型コロナ対策を機に、公衆衛生や公的医療の重要性が再認識されるなか、大阪市の保健・医療の現状を再確認しつつ、大阪市の廃止と特別区への分割がこの分野にどのような影響をおよぼすかを検討してみたいと思います。

(2)「大阪モデル」を支えたもの

　元大阪府知事で元大阪市長でもある橋下徹氏は4月3日、ツイッターで「僕が今更言うのもおかしいところですが、大阪府知事時代、大阪市長時代に徹底的な改革を断行し、有事の今、現場を疲弊させているところがあると思います。保健所、府立市立病院など。そこは、お手数をおかけしますが見直しをよろしくお願いします」と発信し、物議をかもしました。

　いささか偽悪的な発言ですが、大阪におけるコロナ対策の一定の成果を見る限り、橋下氏の「徹底的な改革」にもかかわらず、大阪の保健・医療は踏ん張っているといえそうです。

　それを可能にしたのは吉村知事のリーダーシップばかりではありません。大阪の保健・医療のいわば「基礎体力」と言えます。

　大阪府内の保健所は、政令指定都市の保健所が2カ所、中核市が7カ所、大阪府の保健所が9カ所あり、合計18カ所です。一方、地方衛生研究所は、地方独立行政法人大阪健康安全基盤研究所、堺市衛生研究所、東大阪市環境衛生検査センターの3カ所です。

　大阪市の地方衛生研究所機能を担った大阪市立環境科学研究所は、地方独立法人化されるとともに、大阪府公衆衛生研究所と統合され、「大阪健康安全基盤研究所」となっています（ただし、公害関係の検査機能は市立環境科学研究センターとして大阪市に残りました）。しかし、現段階ではいわば「頭の部分」を統合した状態で、実質的には統合前の大阪府衛生研究所と大阪市環境科学研究所が従来通りの機能を果たしていました。そのため今回のPCR検査をはじめとした対応においても、感染者数の最も多かった大阪市内は、大阪市保健所と環境科学研究所で対応できたわけです。

　公的医療についても、かつての大阪市立病院の運営はすでに地方独立行政法人「大阪市民病院機構」に移管されるとともに、住吉市民病院の強引な廃止などによりその機能は減退させられていますが、大阪市立総合医療センターなど高度な機能は維持しています。

　この政令市大阪市がもつ高度な専門的保健・医療機能があったからこそ、府内感染者1,777人の46.8%、832人（5月20日現在）を占める大阪市がもちこたえたといっても過言ではありません。しかし、緊急事態宣言下での大阪市保健所職員の過大な超過勤務実態が報じられるなど、まさにギリギリのところで踏ん張っているというのが実情です。

(3)「都構想」における公衆衛生と公的医療の行方

　では、「都構想」が実現すると、大阪市（域）の保健医療はどうなるのでしょうか。

　「都構想」では、保健所と保健福祉センターは住民に身近な事務として、特別区が設置することになります。しかし、政令市の保健所である大阪市保健所の機能を特別区の保健所が果たすことは難しく、中核市並み、もしくは4分割によるスケール・デメリットを補う人的配置や予算措置を講じなければ、それ以下の機能の保健所とならざるを得ないと考えられます。

　一方で、精神保健福祉センターは大阪府の事務となります。また、動物管理センターは一部事務組合に移管されます。

　保健所業務と密接に関連する公衆衛生研究所は、先に述べたの通り、「大阪健康安全基盤研究所」に統合されましたが、そもそも「二重行政のムダ」をなくすための統合提案であったことからすると、建替え等でのコストはかかったとしても、機能強化は望めそうにありません。

　公的医療については、前述の通り、すでに地方独立行政法人「大阪市民病院機構」に移管されていますが、特別区移行後には「大阪府立病院機構」として統合されます。

　高度な機能をもつ政令市の保健所と自前の地方衛生研究所、公的病院群が有機的に連結し、そのもとに地域密着型の保健福祉センターが各区に配備されるという現行の大阪市の保健・医療体制は、四分五裂の様相を呈することになります。

　このことは大阪市だけの問題ではなく、大阪府域全体の保健・医療の体

表1　政令市の保健・医療は特別区に移行するとどうなるか		
保健・福祉の機能	政令市・大阪市の現状	「都構想」（府＋特別区）に移行した場合
公的病院	大阪市民病院機構	府立病院機構に吸収
保健所	大阪市立保健所	4つの特別区立保健所に分割
地方衛生研究所	大阪市立環境科学研究所	府管轄の大阪健康安全基盤研究所に吸収
保健センター	24行政区に保健福祉センター	地域自治区事務所に保健福祉センターが入居

制を脆弱化させかねません。今回の新型コロナウイルス対策において深刻だった都市部の感染拡大防止に、政令市の保健所や地方衛生研究所が果たした役割は決して小さくないからです。

（4）身近な保健福祉は大丈夫なのか−保健センターの役割

　では、ニア・イズ・ベターの観点から充実が求められる保健福祉センターはどうなるのでしょうか。公衆衛生の向上、生活習慣などの改善、介護保険制度の創設、少子高齢化、地方分権、福祉八法の改正という社会情勢の大きな変化を背景に、1994年に保健所法が地域保健法に生まれ変わりました。地域保健法は「地域保健」という概念で市町村保健センターを位置づけ、3歳児健診や妊産婦指導等母子保健に関する事業、栄養相談及び一般的栄養指導の事業などについては、実施主体を市町村保健センターに移管し、市町村の福祉サービスと一体的な対応を行うこととしました。

　大阪市においては、市町村が担う保健センターの業務は行政区の仕事とされ、24区に保健福祉センターが設置されました。一方、この改革は福祉部門との統合により、保健部門が見えにくくなったとの批判もなされており、健康予防に対する迅速な対応の強化も課題となっていました。そのためには行政区の権限の拡大、いわゆる都市内分権の推進が求められていました。

　しかし、特別区になりますと行政区は消滅します。保健福祉センターは、地域自治区事務所（名称は「区役所」）となる区役所庁舎の中に残りますが（54ページ「地域自治区」参照）、特別区の出先機関、サービス提供窓口の位置づけとなってしまいます。

　医療や地方衛生研究所機能は府に移り、保健所は4分割され機能低下をきたし、保健センターは行政区という足掛かりもなくなる中で地域住民のニーズを本庁に届ける機能と権限を失いかねません。これは本当にポスト・コロナの時代の自治体の保健・医療行政としてふさわしいものなのでしょうか。

16 消防・水道
命のインフラ、消防と水道
～府知事の管理下に移ることの問題点～

（1）消防／特別区の自己決定権がなくなる

　大阪市がなくなり特別区が設置されることになれば、大阪市民の命のインフラである消防と水道事務のすべてが府知事の管理下に移ることになります。

　図は、東成区選出の川嶋広稔市会議員（自民党）が、昨年 12 月開催の府・市の法定協議会に提出した資料です。大阪市の事務である水道・消防事務（水道は次項で詳述）が府知事の管理下に移っても、これらの事務の管轄区域は現在の大阪市域のまま、大阪市民（特別区民）が納める税金や料金で運営さ

水道と消防の自己決定権がなくなる!?

変わらず

	現在				都構想実現後			
	大阪市域内		府下市町村		4特別区域内		府下市町村	
	担当	議決	担当	議決	担当	議決	担当	議決
水道	大阪市	大阪市議会	(浄水)企業団(給水)各市町村	(浄水)企業団議会(給水)各市町村会	大阪府	大阪府議会	(浄水)企業団(給水)各市町村	(浄水)企業団議会(給水)各市町村議会
消防	大阪市	大阪市議会	各市町村	各市町村会	大阪府	大阪府議会	各市町村	各市町村議会

利用者と納税者は特別区民。しかし利用者でも納税者でもない他市町村の府民が２／３の議決権を持つことで、自己決定権がなくなることに。（水道料金、経営形態、行政サービス内容…）
大阪市のことは大阪市民が決めていたものが、大阪市（特別区）のことは大阪府民が決めることに。

れることに変わりはありません。にもかかわらず、これまで市議会で審議・議決されてきたこれらの事業内容は、大阪市内（特別区）選出の議員数が全体の3割しかいない府議会で審議・議決されることになります。その結果、大阪市民（特別区民）は、安全・安心に直結する、これらの事務についての自己決定権を失うことになります。

(2) 東京をモデルとした消防防災行政の問題点

　消防と水道は、法律（消防組織法：1947年成立／水道法：1957年成立）で市町村の責任（事務）とされ、市町村長が管理することになっています。しかし、東京23区の消防と水道事務は都が担っています。その説明をすれば、消防組織法が成立した年に、すでに東京市はなく（戦時下の1943（昭和18）年、東京市を廃止して東京府に吸収する形で東京都制が成立）、特別区（23区）全域を一つの市とみなして、警察や消防、水道等の事務を東京都がすでに一体的に処理していた実態があったことから、法律もこれを追認し、これらの事務については都知事が管理することにしたのです。

　したがって、東京消防庁は、23区の区域を管轄する消防本部であり、管理責任者を（東京市長が実在しないので）特例的に都知事にしているわけです。大阪も同様で、特別区設置後につくられようとしている大阪消防庁（仮称）は、あくまでも特別区4区（旧大阪市）の区域を管轄する消防本部であり、（大阪市長がいなくなるので）府知事を管理者にするという話です（法律は、消防を市町村の責任（事務）とし、都道府県消防を認めていません）。

　東京消防庁は、現在は都内三多摩地域の市町村も稲城市1市を除いて管轄区域としています。しかし、それは三多摩地域の各市町村が消防事務を東京消防庁に委託しているだけです。各市町村で委託が始まり広がるのは1960〜70年代です。都市化の波が急激に押し寄せるなか、保育所や学校、生活道路など、市町村が整備すべき市民サービス、都市インフラ整備がその波に追いつかない状況下のことでした。

　消防の仕事は大きく「消火、防災、救急、救助」にわたり、市民の安全の要の役割を果たしていますが、上記のような東京をモデルにして、地震、風水害、さらに現在進行中のコロナ禍等々、頻発する危機に十分対応できる体制がとれるでしょうか。

　東京消防庁が行っている東京の消防防災行政の問題点について、関西大学社会安全学部の永田尚三教授は、「東京消防庁は、厳密には都でも特別区でもない第三者の別人格の組織である。そこに消防防災行政を丸投げするかたちとなるので、責任の所在が不明確になり、その結果、都や特別区では消防行政や防災行政に精通した人材が育たない。また東京消防庁に消防事務の委託をした市町村においても、ほぼ丸投げに近い状況なので同様の事態が生じる。」とその問題点を指摘しています。

(3) 地域防災力の中核として再認識された消防団

　もう一点、地域防災を担う消防団について。消防団は、消防本部や消防署と同様に、法律に基づく消防組織です。消防団員は、消防署職員とは異なり日頃は各々の職業に就いていますが、訓練を受けて、災害発生時には即時に対応できる能力を有しています。総務省消防庁の統計によれば、全国に 2,200 を超える消防団があり、87 万人余りの消防団員が登録され活動しています。消防本部や消防署が常備の消防組織だとすれば、消防団は非常備の消防組織だといえます。

　消防団の役割の重要性が再認識されるきっかけとなったのが、1995 年の阪神・淡路大震災です。神戸市内の道路がいたる所で寸断されるなか、消火、救助、給水活動など幅広い活動に従事し、とくに日常的に地域に密着した活動をしている経験を活かし、倒壊家屋から数多くの人々を救出しました。また、東日本大震災でも、自ら被災者であったにもかかわらず、救助、消火、物資搬送、避難所支援、がれき撤去などに従事し、消防団が地域防災に果たす役割の大きさを改めて教えてくれました。

　東京では、この消防団に関する事務権限も東京都にあって、特別区には
ありません（三多摩地域の市町村にはあります）。したがって、東京23区では、
区長・区議会ともに、消防本部と消防署の事務にも、消防団の事務にも関
与していません（できません）。23区は消防防災行政が実質ないに等しい状
態にあるのです。特別区が設置されれば大阪市も同じ状態になりますが、
それって危険すぎませんか。

　残念ながら、現在、大阪市には消防団がありません。大阪市は消防団が
存在しない全国でも数少ない自治体の一つです。そこには、戦前消防団の
前身である消防組と行政との間にいさかいが絶えず、そのため、戦後法律
がつくられ、消防団が任意設置になったとき、大阪市は消防団を設置しな
かったという経緯があるようです。

　しかし、地球規模の気候変動によって、自然災害がかつてないほど増加し、
被害の規模も年々深刻化する今日、災害対策は否応なく自治体の最重要課
題となりました。今こそ消防防災行政についての大阪市民の自己決定権を
保持することの重要性と、消防団の再組織化に取り組むことの必要性につ
いての確認が求められています。

17 水道（その2）
命の水は誰が守るのか

（1）水道事業は統合案や民営化の動きに翻弄されてきた

　大阪市の水道は、水道料金が指定都市の中で一番安いうえに、年間100億円の黒字を計上、今後20年以上も黒字経営が予想される優良公営企業です。これは市域が平坦であることや人口密度が高いことが要因で、また早くから（1895（明治28）年給水開始）水道整備を進めてきた成果でもあります。

　しかも、堺市など府内他市町村が府の水源（府が卸売りする用水事業）から受水して各戸に給水しているのに対し、大阪市の水道は100％自己水源のうえに各戸への給水も実施。「水源―浄水場―水道管―蛇口」まで水道のノウハウをもつ日本でも数少ないフルセット型の事業体です。

　しかし、ここ数年、大阪市の水道事業をめぐって、大阪広域水道企業団（府の用水事業を継承するため、大阪市を除く府内42市町村が設立した一部事務組合）との統合案や民営化案が相次いで提案され、いずれも市議会で否決された経緯があります（次ページの**図**参照）。

　その経緯を簡単に振り返りますと、知事から市長に転身した橋下氏が、2012年1月、府域1水道の実現をかかげて市水道局と上述の企業団との統合を表明。しかし、2013年5月、市議会はこの統合案を「市民にメリットがない」「水道料金の値上げにつながる」と否決。すると、その翌月、橋下市長は民営化へ方針を転換します。

　その内容は、「コンセッション方式」と呼ばれる、浄水場をはじめとした水道設備は市が保有したまま、市が100％出資する新会社に水道事業を運

		大阪市の水道事業をめぐる動き
平	2008年2月	水道事業統合について橋下知事から平松市長に申し入れ
松	2009年9月	府に所有権を残したまま、市が府の用水供給事業を受託する指定管理者制度に府市が合意
市	2010年1月	府内42市町村の首長会議で、府市合意の指定管理者制度を選択しないことを決定
政	2011年4月	大阪市を除く42市町村でつくる「大阪広域水道企業団」設立、府の用水供給事業を継承
橋	2012年1月	市長に就任した橋下氏が、大阪市の企業団への参加を表明
下	2013年5月	市議会が市水道局と企業団との統合の関連議案を否決
市	6月	水道事業の民営化へ方針転換
政	2015年3月	市議会が民間に運営権を売却できるコンセッション方式による民営化条例案を否決
	5月	大阪市廃止・特別区設置の是非を問う住民投票（反対多数で否決）
吉	2016年2月	民営化条例案を一部修正して、市議会に提案。12月までに3回継続審議
村	2017年3月	市議会で民営化条例案が賛否いずれも過半数に達せず、廃案
市	2018年12月	水道法改正、民営化へのハードル低下（企業の参入促進）
政	2019年2月	改正水道法を受け、老朽水道管の更新事業で、民間の資金・手法を活用する方式導入の方針案公表

営させるというものでした。2015年2月議会に、水道事業の運営権を民間事業者に設定するための条例案を提案しますが、「経営状況に大きな問題点はない」「スケジュールが拙速」などの反対意見が多く、市議会で否決されることになります。

　その後、橋下氏からバトンをうけた吉村市長が、条例案を一部修正して2016年2月に再提案します。市議会で3回の継続審議の扱いとなった後、2017年3月、維新の会が賛成、自民が継続審議、公明・共産が反対で、いずれも過半数に達せず、審議未了のまま廃案となりました。なお、その陰では、水道行政に関心をもつ市民団体が協力し合って進めた多様な活動がありました。活動の様子は、武田かおり「民営化を阻止できた理由」（内田聖子編著『日本の水道をどうする！？‐民営化か公共の再生か‐』（コモンズ、2019年8月））に詳述されていますので、ぜひご一読ください。

(2) 水道事業についての市民の自己決定権がなくなる

　大阪市がなくなり特別区が設置されることになれば、水道事業についても大阪府に移ることになります（80ページの図参照）。府に移ると、これまで市議会で議論されてきた水道民営化など経営形態をどうするか、府議会で議論することになります。しかし、その区域は現在の大阪市域（特別区の区域）のままで、特別区の区民が支払う水道料金で事業が運営されることに変更はありません。

　消防事務の項でも述べましたが、特別区から選出される府議会議員は全体の3割しかいません。その結果、大阪市民の命のインフラというべき水道事業について、特別区民は制度的にも実態的にも決定する力を弱めることになります。

　大阪市民の政治的意思を代表する「大阪市」という自治体政府がなくなり（市長も市会議員もいなくなる）、市の重要な事務権限が府に移ってしまうのに、特別区からは府議会議員の3割しか選出できないという厳しい現実が始まるのです。水道事業が府に移管されることで実質、水道をめぐる大阪市民の自己決定権が失われることになります。

　なお、東京都においても水道事業は特別区（23区）ではなく都が所管しています。しかし、23区から選出される都議会議員数は全体の7割を占めています。都民の7割を占める23区民の人口比率によって、23区民の自己決定権はかろうじて保持されているといえます。

(3) 水道は市民の社会的共通資本

　市民の大切なライフラインである水道は、市の財政と市民が支払う水道料金によって支えられてきた市民の共有の財産、社会的共通資本だと言えます。しかし、南海トラフ巨大地震や直下型地震への対応、水源の環境保全、

浄水場や水道管などの老朽化施設の更新など、水道をめぐる課題は山積しています。また、人口及び水需要の減少に伴って事業収益が落ち、現在の水道料金では 20 数年後には赤字化が想定されるなど、経営上の課題もあります。

　であればこそ、大阪市民の社会的共通資本として現在の市営を維持したうえで、これらの多様な課題に取り組み、改革を進めることが必要なはずです。しかし、橋下・吉村市長は統合や民営化論議にこだわることによって、必要な政策を先送りしてきました。そして現在、松井市長は、大阪市廃止・特別区設置によって、「水」をめぐる大阪市民の自治権そのものを失くしてしまおうとしています。

　「水」は自治の根幹であり、水のあり方を考えることは、社会のあり方を考えることに直結します。命のインフラである水を誰が守るのか。まさに正念場です。

18　環境行政
特別区のごみ処理体制
～大阪市独自の課題に即応できるか～

（1）大阪市内は家庭ごみより事業系ごみの方が多い

　ごみは家庭ごみと事業系ごみに大別され、家庭ごみは大半が直営収集、ビルやスーパーから出される事業系ごみは大半が業者収集となっています。家庭ごみと事業系ごみの割合は、大阪市内では 45：55 なのに対し、近隣の中核市6市（東大阪・豊中・枚方・高槻・尼崎・西宮）では 64：36 となっています。そのちがいは、大阪市内の場合、商業ビルや商店が圧倒的に多いためです。ちなみに、ごみを排出する事業者数を比較しますと、大阪市内が8万 5,000 に対し中核市6市は平均 6,000 余です。人口比は 270 万対 43 万（平均）で7倍ですが、事業者数の比はその倍の 14 倍になっています。大阪市内では、家庭ごみと事業系ごみ（合計で一日当り 2,600 t 余）が、1,300 台のパッカー車で収集・運搬され、大阪広域環境施設組合（大阪・八尾・松原・守口の4市で構成）が管理・運営する、7カ所の焼却工場で焼却処理され、最終処分されています。

（2）大阪市（環境局）の多面的な仕事と職員体制

　まず、大阪市のごみ処理組織の現状を見ておきます。
　①事業部／一般廃棄物指導課　事業部の総数は 1953 人。そのうち 1,853 人が市内 10 か所の環境事業センターで家庭ごみの収集業務を担当、残り 100 人の職員が後方支援する業務に携わっています（**表1**参照）。

　事業系ごみを担当する一般廃棄物（一廃）指導課の職員数は18人、家庭ごみ担当の家庭ごみ減量課の職員数が16人です。事業系ごみ担当の職員が多いことがわかりますが、近隣中核市では家庭系ごみ担当の職員が圧倒的で、事業系ごみを担当する「課」もありません。事業系ごみが多い大阪市では、事業系ごみがルール通り排出→収集→運搬→焼却されているか日々点検し、ルール違反がないようチェックする職員を多く配置する必要があるのです。違反を見つけた事業所に対する指導が年間4,300件、職員2人体制で抜き打ち的に行う立ち入り検査も年間2,300件にのぼります。

　②事業部／家庭ごみ減量課　大阪市内135万世帯から排出される家庭ごみは、分別収集が主流ですが、ルールを守ってくれる人は必ずしも多くはなく、その対応も必要になります。家庭ごみのルール違反についての市民からの通報（年間200件程度）を受けて直接対応するのは各環境事業センターで、家庭ごみ減量課はルール違反のごみを出させないしくみづくりやごみ減量対策を考案する業務を担っています。減量化の取り組みの結果、ピーク時（1991年度）に72万トンあった家庭系ごみは、いまや半分の35万トンに、事業系ごみも142万トンから57万トンに減少しています。

　③事業部／環境事業センター　環境事業センターは、家庭ごみを収集するだけでなく、ごみの排出指導、リサイクル・分別の普及啓発など、一般廃棄物にかかわる地域のコントロールセンターともいえる仕事も担っています。多くの市町村では現在、高齢者世帯や障がいのある方でごみの持ち出しが困

表1　環境局の現在の職員体制

総務部 95人	総務課 24人	企画課 11人	職員課 20人	施設管理課 38人
環境施策部 37人	環境施策課 36人			
環境管理部 114人	環境管理課 114人			
事業部 1953人	事業管理課 65人	家庭ごみ減量課 16人	一廃指導課 18人	環境事業センター 1853人

資料）大阪市環境局2016年度資料。

難な方々を対象にしたごみの持ち出しサービス（「ふれあい収集」）が展開されていますが、大阪市では、その役割を環境事業センターが担っています。利用世帯数は約 1 万世帯で全世帯の 1 ％弱。時間とコストはかかりますが、高齢者等の安否確認など地域福祉の仕事を兼ねた大切な事業です。

　④事業部／事業管理課　事業部に事業管理課（65 人）があるのも大阪市の特徴です。その仕事は、①道路等の清掃計画・作業の指導監督、②市管理の 3 つの河川及び府管理の 8 つの河川の水面清掃業務、③市内の 22 カ所の公衆便所の清掃、④路上喫煙対策、⑤ 5 カ所の斎場・ 1 カ所の葬祭場・64 カ所の霊園の管理など。これらの仕事は環境先進都市の実現に向けた環境美化の推進をめざす取組みです。

　⑤環境施策部・環境管理部　環境施策部は、地球温暖化対策・ヒートアイランド対策・環境教育にかかわる企画や連絡調整の他、企業の CO_2 削減対策や市民向けの環境教育のアドバイスなどを行っています。

　一方、環境管理部は、市内の事業所の公害対策・自動車排ガス対策を監視・指導する業務を担っています。両部で職員数 150 人。化学・電気・薬学・土木・機械等の専門職員が多いのが特徴です。大都市特有のさまざまな環境問題に総合的に即応する専門家集団です。

　⑥総務部　総務部の職員数は 95 人。人事管理担当の職員課のほか、局全体の業務の進行管理を担当する職員もいます。「進行管理」とは、たとえば総務部が市内 85,000 カ所の事業所にごみ排出ルールの遵守を徹底さすべく方針を出すと、一般廃棄物指導課が具体策を考案し、担当職員が事業所を回り指導し（進行）、その結果を点検・評価する（管理）という業務のことです。総務部は局全体の業務の「進行管理」担当です。

（3）　4 特別区に分割されると職員体制はどうなるか

　「特別区制度（案)」によれば、4 分割された特別区には「環境部」が置か

れ（表2参照）、職員数は4区合計で295人としています。内訳は、「環境企画課」が環境局の総務部と環境施策部の仕事を、「環境管理課」が環境管理部の仕事を、「環境課」が事業部の仕事を担当すると説明されています。

表2　4特別区の環境部の職員体制

淀川区	環境部 68人	環境企画課 33人	環境管理課 21人	環境課 13人
北区	環境部 79人	環境企画課 39人	環境管理課 25人	環境課 16人
中央区	環境部 76人	環境企画課 37人	環境管理課 24人	環境課 15人
天王寺区	環境部 72人	環境企画課 35人	環境管理課 22人	環境課 14人

資料）特別区制度案 2019年12月16日。

　さて、このような組織・職員体制で、現在の環境局が果たしている機能や市民サービスの水準を維持することは可能でしょうか。大阪市が4分割されると、これまで維持されてきた大都市環境行政のスケールメリットが大きく失われます。職員数も一定数いなければ、これまでの機能や水準が確保できるのか、心配されます。しかし、職員数は逆に減少しています。

　たとえば、事業系ごみを担当する一般廃棄物指導課は、昼間人口比率が全国一位という、事業所が高度に集積する大阪市特有の状況に即応するため置かれているものですが、特別区になってもその事態は変わりません。また、多面的な職種の専門職員で構成される環境施策部・環境管理部も、特別区に分割されると、互いに補いつつ進めてきた組織の総合力が半減するでしょう。さらに環境行政全体の進行管理を担当する総務部が果たしてきた機能も消失しかねません。

(4) 環境事業センターはどうなるか

　表2には環境事業センターの職員は含まれていません。家庭ごみの収集業務は民間委託を進め、特別区に移行の時点で民間委託されていない場合

にのみ職員を配置するとしているからです。しかし、大阪市の家庭ごみ収集事業を全面的に受託できる規模をもつ民間事業者は存在せず、民間委託化は三代にわたる維新市長の思惑通りには進捗していません。ごみ処理の仕事は、環境政策の一環としてのごみ減量・リサイクル、地域福祉との関わり、さらに災害時の対応など、コミュニティのあり方と深く関係しており、全面的に民間化すれば問題が解決するというものではありません。

　なお、「協定書（案）」では10カ所の環境事業センターと1カ所の出張所は、所在地の特別区が行政財産として承継することになっており、淀川区が2カ所、北区が2カ所、中央区が4カ所、天王寺区が3カ所の環境事業センターを管理・運営していくことになると思われます。しかし、現在、それぞれの環境事業センターが担当している行政区と特別区の区割りは必ずしも一致していません（表3参照）。また、各環境事業センターが担当する行政区域（1～3行政区）の居住人口、世帯数、住宅密集地や商業地などの立地の違いなどにより、ごみの排出量にかなりの差があります。

　そうした現状から、単純に環境事業センターの所在地で承継先の特別区を決めるだけでは、ごみ収集・運搬業務に従事する職員数や収集車両の配

表3　各特別区に所在する環境事業センターとその管轄区域の対応関係

特別区	地域自治区	環境事業センター	現行担当行政区
淀川区	東淀川区、淀川区、西淀川区、此花区、港区	東北環境事業センター	東淀川区、淀川区
		西北環境事業センター	西淀川区、此花区、**福島区**
北区	旭、城東、鶴見、都島、北区、福島区、東成区	城北環境事業センター	旭区、城東区、鶴見区
		北部環境事業センター	北区、都島区
中央区	中央区、浪速区、西区、大正区、西成区、住之江区、住吉区	中部環境事業センター（出）	中央区、浪速区
		南部環境事業センター	**阿倍野区**、西成区
		西部環境事業センター	西区、港区、大正区
		西南環境事業センター	住之江区、住吉区
天王寺区	天王寺区、阿倍野区、生野区、東住吉区、平野区	東部環境事業センター	生野区、**東成区**
		中部環境事業センター	天王寺区、東住吉区
		東南環境事業センター	平野区

置に大きなアンバランスが生じ、円滑な業務遂行に支障をきたし、結果的にコスト増になります。（表3のゴシックの行政区は見直しが必要になる）。

　くわえて、家庭ごみ収集・運搬が特別区に移管されることにより、それぞれの特別区長の裁量・判断しだいでは、異なるごみ政策がとられることも考えられます。分別収集の推進によるごみの減量化など、いまや自治体のごみ政策は環境行政における重要なテーマとなっており、市民も注目しています。もし、ある特別区だけが分別収集品目を多くし、分別を徹底した事業を進め、そのための予算の確保を行ったとして、他の特別区が同じ歩調をとらなければ、大都市全体のごみ減量・リサイクル推進のための環境廃棄物行政の効果はなくなります。

(5) 現行の「大阪広域環境施設組合」について

　現在の大阪広域環境施設組合は、ごみ焼却場と最終処分地を共同管理・運営するため、2014年11月に、大阪市とそれまで大阪市にごみ処理・処分を委託していた八尾市・松原市が参加して設立された一部事務組合です。その後、構成員として守口市が加入（2019年10月）、本年4月からは4市での共同運営が始まっています。

　大阪広域環境施設組合は、設立時期から明らかなように、大阪市の廃止・分割を想定しての設立でした。しかし、その中核である大阪市に3市がそれぞれ別個につながっている現在の体制と、大阪市廃止後にできる4特別区と3市による体制では、たんに構成員が増えるという変化以上の大きなちがいがでてくるはずです。大阪市という組織の中核、中心がなくなるわけですから、焼却工場の更新や財政負担など、今後起きるであろうさまざまな問題に対して、4特別区と3市の利害や意見が一致する保証はありません。利害調整をめぐってその運営はたいへん厳しく、不安定なものになるにちがいありません。

19　都市計画
市町村に劣る特別区の都市計画権限
〜遠のく住民参加のまちづくり〜

（1）特別区の都市計画権限は市町村以下

　都市計画の目的の一つに、道路や公園、上・下水道、ごみ焼却場などの都市施設を整備することによって、様々な都市問題を解決しようとする「事業」があります。96 ページの**図表**は、主な都市計画の内容とそれに対応する決定権者を一覧表にまとめています。この図表から明らかなように、政令市である大阪市は、都道府県とほぼ同等の都市計画権限を有しています。いまの大阪市は、このような権限の下に、広域的な視点によるまちづくりと地域に根ざした身近なまちづくりを有機的につなぎながら、総合的な都市空間づくりができるようになっています。

　この大阪市がなくなり、かわって特別区が設置された場合、まちづくりにかかわる都市計画権限はどうなるのでしょうか。少し振り返ってみますと、市町村の都市計画権限は、1990 年代半ばからはじまった地方分権の改革において拡充してきました。都道府県から住民に最も身近な基礎自治体である市町村へと権限移譲が進められ、基礎自治体である市町村がまちづくりを主体的に行うことができるようになったのです。

　しかし、特別区になりますと、当然、政令市・大阪市の都市計画権限はなくなり、また、基礎的な自治体であるにもかかわらず、まちづくりにかかわる都市計画権限は、市町村より小さく、範囲も限られたものになってしまいます。都市施設では、市町村と同じように学校や福祉施設などにかかる権限がありますが、その一方で、どこの市町村でも有している水道や

下水道の権限はありません。さらに、道路や公園では、規模の小さなものなどに限られることなります。つまり、地方分権にともなう権限移譲の流れに取り残された自治体に逆もどりすることになるのです。

　他方、大阪府は、小さな権限しかもたない特別区とは真逆に、従前から有している都道府県の都市計画権限にくわえ、政令市権限プラス一部の市町村権限までを有する広域自治体となります。つまり、府域内・府域外における広域自治体としての役割を果たしつつ、大阪市域内では、新たに基礎自治体の役割も担うという一人二役の大阪府が誕生します。一方、人口は政令市なみで権限は市町村以下の特別区は、みずからの発意でどのようなまちづくりを展開することができるのか、不安になってきます。

（2）土地の用途利用にかかる指定権限がない特別区

　都市計画のもう一つの目的に、個々の開発に規制をくわえ、地域環境の維持や改善を図ろうとする土地利用の「規制」があります。市街化区域内のすべての土地は、土地利用の規制によって、閑静な住宅街はその環境が守られ、商業地は店舗や業務ビルが集積されるなど、地域の特性が生かされ、秩序あるまちづくりが進められるようになっています。その目的のため、どの市町村も「都市計画」を策定し、住宅系や商業系、工場系など13種類の用途地域を計画的に指定し、それぞれに見合った建築物の用途や形態等に制限を加えています。ところが、どこの市町村も有しているこの用途地域の指定にかかる権限が、特別区にはありません。土地利用の規制によって、将来のあるべき地域の姿を実現しようとする重要な都市計画権限であるにもかかわらず、特別区には権限がないのです。

　なぜ、特別区には用途地域の指定権限がないのでしょうか。「大阪都構想」は、東京の都区制度を下敷きにしていますので、用途地域の指定については、都市計画法の「都の特例」で都の権限と定められていることにならおうとしたからです。以前は、三大都市圏の市町村についても特別区と同じよう

図表：主な都市計画の決定権者一覧表

都市計画の種類			決定権者			
			都道府県	大阪市		都特別区
				政令市分	市町村分	
都市計画区域の整備・開発及び保全の方針			○	○（大阪市）		
区域区分（市街化区域及び市街化調整区域）			○	○		
都市再開発方針等（4方針）			○	○		
地域地区	用途地域		都○		○	
	特定街区		都○ 1ha超		○	○1ha未満
	都市再生特別地区		○	○		
	港湾地区	国際戦略・国際拠点港湾	○	○		
		重要港湾	○	○		
都市施設	道路	一般国道・府道・自動車専用道路	○	○		
		その他道路			○	○
	都市高速鉄道		○	○		
	公園・緑地	国(府)の管理10ha以上のもの	○	(○)		
		その他			○	○
	水道	水道用水供給事業	○			
		その他	都○			
	公共下水道	排水区域2以上の市町村の区域	○			
		その他	都○			
	流域下水道		○			
	汚物処理場、ごみ焼却場・ごみ処理場				○	○
	市場・と畜場		都○		○	
	学校、図書館、その他の教育文化施設				○	
	病院、保育所その他の医療又は社会福祉施設				○	
市街地開発事業	土地区画整理事業	国・府施行面積50ha超のもの	○	○		
		その他			○	○
	市街地再開発事業	国・府施行面積3ha超のもの	○	○		
		その他			○	○
	住宅街区整備事業	国・府施行面積20ha超のもの	○	○		
		その他			○	○
地区計画等	地区計画				○	○
	（再開発等促進区）		都○ 3ha超		○	○3ha未満
	沿道地区計画				○	○
	（沿道再開発等促進区）		都○ 3ha超		○	○3ha未満

(注1) 大阪府「都市計画制度」（令和元年6月13日更新）、東京都「都市計画の決定手続」
（平成28年9月7日更新）を参考に一部修正し作成。　(注2) ○印は決定権者を示す。

に都市として一体的な機能を発揮した都市づくりを困難にするなどの理由で、用途地域の指定権限はありませんでした。しかし、2012年4月（平成24年）、地方分権第2次一括法の成立によって、ようやく用途地域の指定権限が三大都市圏の市町村にも移譲され、府内の市町村も用途指定権限をもつようになりました。しかし、特別区は除外されたままになっています。そうした流れの中で、東京都の特別区は「市町村へ権限移譲されている中で、特別区のみを除外する措置は地域主権改革の趣旨に反する」との声明を出しています。後追いの「大阪都構想」を考える際、この声明を心しておく必要があるのではないでしょうか。

(3) 狭まる住民参加によるまちづくり

　特別区の都市計画権限が小さくなる問題を住民参加の側面からみますと、決定権限をもっていることと、もたないことでは、大きな相違があることがわかります。例えば、大阪府が特別区のある地区に迷惑施設などの建設計画をもったとします。その是非について、特別区の住民から様々な意見が出たとしますと、政令市である大阪市の場合であれば、市民の意見・要望は、都市計画権限を有する大阪市において循環し、大阪市全体の視点で決定されることになります。なぜなら、大阪市において意見・要望が循環しているということは、住民参加によるまちづくりの回路が開かれていることを意味するからです。しかし、「大阪都構想」により、大阪府に権限が移ってしまえば、特別区の住民は都市計画権限をもつ大阪府に意見や要望を述べることはできますが、大阪府はその意見・要望に何ら対応しなくとも、都市計画を決定できる構造になっています。これでは特別区の住民によるまちづくりへの参加の道が狭められることになってしまいます。「大阪都構想」でいう「ニア・イズ・ベター」、つまり住民に近い市町村でのまちづくりや住民の参加によるまちづくとは逆行した特別区の姿が見えてきます。

20　公営住宅
特別区に移管される市営住宅
～特別区間の格差がすすむ～

（1）市営住宅の戸数

　市営住宅と 2015 年度から順次大阪市に移管されてきた府営住宅の管理は特別区の仕事になります。

　大阪市が 2018 年 2 月に改訂したストック総合活用計画（以下「活用計画」）による市営住宅の戸数を特別区別に集計すると表1のようになります。大阪市内に建設されている府営住宅もこの表に含まれています。

　市営住宅は持家や民間賃貸住宅に比べると高齢化率が高く、コミュニティの沈滞化が懸念されます。その克服のためには、世代間のバランスを考えた、コミュニティミックスを

表1　特別区別の市営住宅の戸数

特別区	合計
淀川区	30,996
北区	22,468
中央区	29,292
天王寺区	29,388
合計	112,114

図るなどの対策が求められています。しかし、現実は高齢者・障がい者・生活保護受給者の単身者向けの倍率は高いものの、新婚・子育て向けでは一部の市営住宅をのぞけば低い倍率もしくは申込者がいないという状況があります。

　若い世代は共稼ぎも多く、保育所や学校、スーパーマーケットが近いなどの希望条件があり、家賃が安いだけ

表2　人口に占める入居者の割合

特別区	人口（人）	市営住宅入居者数（人）	割合（％）
淀川区	595,912	57,906	9.72
北区	749,303	42,015	5.61
中央区	709,516	54,776	7.72
天王寺区	636,454	54,956	8.63

ではなかなか申し込まない現実があります。

　特別区の人口を市営住宅入居者数で割り、人口に占める市営住宅入居者比率を計算しますと、淀川区が 10% 弱でトップですが、特別区の間でかなりの格差があることがわかります（**表2**）。多くの市営住宅は低所得者層向けであり、高齢化率が高く地域コミュニティの沈滞化が懸念されていることから、特別区間の格差が生じることとなります。

（2）市営住宅の家賃

　公営住宅の家賃は国土交通省が定めており、自治体が勝手に決定できるものではありません。その考え方は、応能応益制度（入居者の収入及び住宅の立地条件・規模・経過年数等に応じ、かつ近傍同種の民間住宅家賃と同等の家賃＜近傍同種家賃＞以下で家賃を定める方式）となっています。

　2018 年度の家賃収入を特別区別に示すと**表3**のとおりです。公営・改良住宅の区分家賃は 8 段階に分かれていますが、全体の約 8 割が区分 1（一番安い家賃）となっています。また、最近は市営住宅の倍率も下がっており、公募割れをしている状況があります。特に現在の住之江区、平野区、東淀川区は公募割れが続いている住宅があります。くわえて大阪市は現在、市営住宅の管理戸数を削減する方向にあり、今後建替えが予定されている場合は、早期に貸付停止となり、空家が増えます。そのため管理戸数のすべてから家賃収入が上るわけではありません。

　表3では家賃収入額を管理戸数で割って、実際の戸当たり単価を出しています。現在の歳入調定での戸当たり単価は約 31,500 円ですから、淀川区や天王寺区など戸当たり単価が低い特別区は空

表3　戸当たりの家賃単価			
特別区	家賃調定（円）	戸数（戸）	戸当たり単価(円)
淀川区	9,984,851,798	30,966	26,871
北区	8,004,175,800	22,468	29,687
中央区	10,403,428,671	29,292	29,597
天王寺区	9,084,016,073	29,388	25,759

家が多いということになります。逆の見方をしますと、11 万戸以上ある市営住宅に実際に入居しているのは約 99,200 戸ということです。空家であっても区としては管理する必要があり、その経費もかかります。

　大阪市にとってもこの空家対策は重要な課題ですが、特別区の管理になることで、空家の多い市営住宅をかかえる特別区は、市営住宅の家賃だけでその管理を賄いきれなくなる可能性も否めません。

(3) どうする老朽住宅問題

　大阪市の市営住宅の建築年数の分布を特別区別にみますと、築 50 年前後の住宅が多くあることが分かります。昭和 40 年代（1965 ～ 74 年）に建設した住宅には風呂がないもの、エレベーターのないもの、部屋が狭小なものなどが多く、基本的に建替えの対象となってます。

　活用計画では 2025 年度までに建替えを行う予定となっている特別区の戸数は表 4 のとおりです。

表 4　大阪市営住宅の建替予定戸数と老朽住宅数の比較			
特別区	建替予定戸数	S45 以前建設	S46~50 建設
淀川区	5,266	5,711	6,494
北区	2,242	2,714	3,338
中央区	2,930	2,312	6,395
天王寺区	6,404	7,400	2,958
合計	16,842	18,137	19,185

※「建替予定戸数」は 2025 年度までのもの。

　単純に古いものから建替えると仮定しても、昭和 45（1970）年以前建設の住宅を約 1,300 戸残したまま特別区に移管されることになります。特に淀川区は約 500 戸の「昭和 45 年以前建設」の住宅にくわえ「昭和 46 ～ 50 年建設」の住宅が約 6500 戸があり、築 40 ～ 50 年の老朽住宅を抱えたまま特別区に移管されることになります。

　当然これらの老朽住宅は特別区での建替えが必要となります。「協定書（案）」によれば、市営住宅を建替えるときの起債（借金）の償還には市営住宅家賃を財源とするとなっており、借金返済は、市営住宅の建物の財産台

帳価格を基本に案分することとなっています。

　公営住宅は建設時に費用の2分の1は国から補助されますが、それ以外は借金をして建設をしています。淀川区などでは2025年度までに多くの市営住宅を建替えるため新たに起債（借金）をかかえる必要があります。くわえて、古いまま承継する住宅の割合も多いので、借金を支払いつつ、引き続き建替えを進めていかなければならなくなります。公募割れしている住宅もあり、家賃収入もそう多くはないということとあわせて、淀川区の公営住宅管理は、戸数そのものの他に、建替え予定の少ない北区などにはない苦労を強いられることになるでしょう。

(4) 指定管理者制度を導入しても問題は残る

　大阪市は現在、市営住宅の管理は管理代行方式で、大阪市住宅供給公社が行っていますが、指定管理方式に変更するため、業者選定の公募を行っています。募集要項によれば、今年8月上旬に決定することとなっています。現在、大阪市では市営住宅を3つのセンターで管理していますが、問題は、特別区ごとの指定管理者とはなっておらず、特別区になると再編成が必要です。

　募集要項には、区域をA、B、Cの3地区とし、A地区のセンターは淀川区、北区、中央区の一部、B地区のセンターは中央区の一部、天王寺区の一部、C地区のセンターは天王寺区の一部を管理する契約となっています。また、A地区のセンターは、全体の募集事務や各種帳票の印刷、計画補修なども担います。これらの事務は集約した方が効率的であるからですが、特別区に分割されると、それぞれのセンターがこれらの機能を持たなくてはならなくなり、非効率となります。

　なお大阪府は、大阪市に先駆けて指定管理者制度を導入しており、2回目の公募を2019年秋に行いました。すると、1センターで落札業者がなく、再度の入札で今年の1月にやっと業者が決定しました。戸当たりの管理単

価を見れば、他のセンターと比較して非常に高いものとなっています（**表5**参照）。指定管理者制度を導入しても必ずしも費用を安く抑えられるとは限らないということです。

　公営住宅の家賃の制度は複雑です。固定家賃を徴収して、管理を行うだけの民間の賃貸住宅とは趣が違います。入札には一定の条件が付されており、賃貸管理を行っている管理会社がどこでも入札できるわけではありません。もし、価格が折り合わず、すべての業者も断ったとしたら、すでに大阪市の職員は削減されているわけですから、業務を維持することができません。人が住んでいる住宅です。管理業者が見つからないからと閉鎖するわけにはいきません。契約料を上げてでも指定管理業者と契約するしかなく、長い目で見ると、高くつく可能性もあります。

　また、住宅供給公社は、政令指定都市もしくは都道府県にしか設立できないため、現在、大阪市の市営住宅の管理を行っている大阪市住宅供給公社は、大阪市が廃止され、特別区に分割されると解体されることになります。高度な公営住宅管理のノウハウを蓄積してきた組織をこのまま解体させてしまっていいのでしょうか。

表5　2019年度大阪府営住宅指定管理者入札結果（単位：円）				
公募地区	管理戸数	契約金額（消費税10%）	戸当たり価格（円）	戸当たり価格（円）（税抜き）
守口市、寝屋川市、門真市に所在する府営住宅	8,177	2,973,380,000	363,627.2	330,570.2
枚方市、大東市、四條畷市、交野市に所在する府営住宅（村野住宅、大東朋来住宅及びペア大東朋来住宅を除く）	10,836	3,282,431,900	302,919.1	275,381.0
東大阪市に所在する府営住宅(大東朋来住宅を除く)	5,534	2,275,462,200	411,178.6	373,798.7
大東朋来住宅及びペア大東朋来住宅	1,455	498,600,000	342,680.4	311,527.6
村野住宅	1,100	381,635,000	346,940.9	315,400.8

2020年4月から2025年3月までの契約

(5) 職員不足も心配

　副首都推進局は2018年に特別区の職員配置案を示しましたが、市人事室はいくつかの部門において業務執行に支障を来す恐れがあると指摘しました。特に住宅部門の技術職はそうした状況になることが懸念されています。住宅建設・維持管理には建築、電気、機械、土木などの技術職員が業務に携わっています。

　現在は大阪市内のすべての市営住宅を一括して対応しているため、現行の職員数で業務がこなせますが、4つの特別区に分割されると、それぞれに専門技術職を配置しなければならず、現有職員数では全く足りません。また、管理部門も公募、契約、家賃決定、収納、迷惑行為や滞納者などの訴訟など行う業務を多岐にわたっており、技術職同様に4区に分かれれば人数が足りなくなります。結果的に採用数を増やすなどの対策が必要となり、人件費がかさむことになります。

さいごに

～あなたの権利をあなたの意志で行使するために～

　最後までお読みいただき、ありがとうございました。

　大阪市民の皆さんが、大阪市を廃止して４つの特別区に分割することの是非を問う、いわゆる「大阪都構想」の住民投票に一票を投じられるにあたって、このハンドブックが何らかの参考となることができたなら、これにまさる光栄はありません。

＊

　私たちがこのハンドブックの出版の準備に取り組んでいるときも、住民投票に向けた動きは着々と進められてきました。新型コロナウイルスの感染拡大を受けて、予定されていた「出前法定協議会」は中止を余儀なくされましたが、委員のコメントの動画配信で済まされました。

　６月11日の法定協議会では、コロナ対策に伴う財政出動や税収の落ち込みなどをふまえて、財政シミュレーションのやり直しを求める意見が出されました。しかし、この意見に対する明確な対処方針は示されないままに、協定書案の採決は６月19日の法定協議会で行うことが決定されました。

　そして６月19日、法定協議会は協定書案を淡々と可決しました。大阪維新の会及び公明党の委員だけでなく、自民党大阪府議の委員まで賛成に回ったのはちょっとしたハプニングでしたが。

　法定協議会で採択された「特別区設置協定書（案）」は総務大臣への照会を経た後、おそらく９月上旬に大阪府議会、大阪市議会で議決が行われ、当初から吉村知事や松井市長が掲げていた11月１日の住民投票実施が確

定するでしょう。大阪市消滅へのカウントダウンが始まっています。

　いま、住民投票の結果を予測することは困難ですし、適切ではありません。前回の住民投票以降も大阪維新の会は大阪において高い支持を維持していますし、新型コロナウイルスへの対応によって吉村知事や日本維新の会の支持がさらに高まっているのも事実です。一方で、維新の支持率に比して「大阪都構想」への賛成が増えていないことも、メディアの世論調査や研究者の社会調査で指摘されています。考えてみればこれは当然です。維新の支持と「都構想」への賛否は、直接リンクしないからです。政局の問題と50年、100年後まで耐えることのできる、大都市制度の抜本的改革は次元が違います。

＊

　何度も繰り返し指摘してきたことですが、「大阪都構想」の本質は、政令指定都市である大阪市を廃止して、財源や権限という意味では一般市より劣る4つの特別区に分割することです。本書ではこのことにくわえて、4つの特別区に予想以上の格差が生じる危険性があることを実証的に指摘しました。特別区本庁舎の大部分を区外に求めざるを得ない淀川区や天王寺区は、税収が少ないうえに福祉人口が多く、高齢者の福祉や介護、義務教育など重要な住民サービスに格差が生じかねないとともに、公営住宅管理の負荷も高いことがわかりました。比較的税収が豊かと思われた中央区ですら、福祉人口の偏りが財政を圧迫しかねない姿も浮き彫りになりました。

　「大阪都構想」は政治的イデオロギーでも、ビジョンでもありません。あくまで自治体の制度案です。制度が変われば、そこに住む住民に影響が出ます。大阪市をなくせば、大阪市民にだけ影響が出ます。そしてその影響の度合いは、淀川区民になるのか、北区民になるのか、中央区民になるのか、天王寺区民になるのかで大きく違ってきます。制度改変の結果はけっして平等ではないのです。

　もう1点、地震、風水害など災害時のリスク管理において、特別区がか

かえる致命的弱点について記しておきます。コロナ禍で明らかなように、危機になればなるほど、自治体の総合力が問われてきます。しかし、特別区は消防の職員が大阪府に移ることの他、市税、建築、土木などの専門知識を有する職員が府と特別区に分散されることで、動員できる職員は限られてきます。特に、固定資産税担当の職員が大阪府に移ることで、復旧時の支援に欠かせない住家等の被害調査や罹災証明書の交付、さらには区税の減免などの業務に支障をきたす事態が起こらないとも限りません。また、建築関連職員も府・特別区に分かれるため、復興業務査定も職員不足となり、他都市の応援に頼らざるをえなくなります。大阪市廃止・分割にともなう大阪市民の不利益の一つとして、あげておきます。

＊

　住民投票が賛成多数で「可決」された場合、2025年1月1日に大阪市は廃止され、特別区が設置されます。移行までの期間は、前回の住民投票のときよりも長く設定されているとはいえ、わずかに4年1カ月です。130年に及ぶ歴史を有する大阪市を廃止して、特別区を新設する期間としては、きわめてタイトと言わざるをえません。しかも、児童相談所の項で触れましたように、たとえ大阪市のままであったとしても、移行期間までに達成しなくてはならない行政課題は膨大です。

　くわえて、いま世界を脅かすコロナ危機に中・長期的にどう対応し、「ポストコロナ社会」をどう展望していくのかという新たな課題も浮上してきています。拙速で急ごしらえ、そのうえ「安普請」の特別区に大阪市民を守ることはできるのでしょうか。

　今回の住民投票に一票を投じるのは、大阪市民にしかない大切な権利です。それは住民投票の結果が、大阪市民であるあなたの暮らしに大きな影響を及ぼすからです。住民投票が近づくと、周囲がとても騒がしくなるかもしれません。惑わされたり、踊らされるのは危険です。あなたの権利をあなたの意志で行使するために、冷静であってください。

＊

　本書は「大阪の自治を考える研究会」による編著です。本研究会は、個人参加を原則に、大阪府内の市民、自治体職員、研究者などが集う緩やかなネットワーク集団です。立ち上げは橋下知事の時代、大阪都構想が浮上してきた2010年にさかのぼりますが、この間、研究会の成果を3回にわたり出版してきました。

　第1回は、議員立法で「大都市地域特別区法」が成立した直後です（2013年3月）。第2回は、同法のもと、大阪市の廃止・特別区設置の原案が提示された後です（2014年3月）。第3回は、大阪市廃止・特別区設置の賛否を問う「住民投票」の前でした（2015年3月）。それから5年を経て、本書は、通算4回目の出版となります。

　今回も、過去3回と同じく、多くの人たちとの議論、協力によって出版にまでこぎつけることができました。いちいち、お名前はあげませんが、ここにあらためて感謝申しあげます。

　　大阪の自治を考える研究会　代表　大矢野　修（元龍谷大学政策学部教授）

「大阪都構想」ハンドブック
「特別区設置協定書」を読み解く

2020 年 7 月 20 日　第 1 版第 1 刷発行
2020 年 10 月 1 日　第 1 版第 3 刷発行

著　者　　大阪の自治を考える研究会
発行人　　武内英晴
発行所　　公人の友社
　　　　　〒 112-0002　東京都文京区小石川 5-26-8
　　　　　TEL 03-3811-5701　FAX 03-3811-5795
　　　　　e-mail: info@koujinnotomo.com
　　　　　http://koujinnotomo.com/
印刷所　　倉敷印刷株式会社

ISBN978-4-87555-846-0

自治体広報はプロションの時代からコミュニケーションの時代へ
マーケチィングの視点が自治体の行政広報を変える
鈴木勇紀　3,500円

「大大阪」時代を築いた男
評伝・関一（第7代目大阪市長）
大山　勝男　2,600円

自治体議会の政策サイクル
議会改革を住民福祉の向上につなげるために
編著　江藤俊昭
著　石堂一志・中道俊之・横山淳・西科純　2,300円

挽歌の宛先　祈りと震災
編著　河北新報社編集局　1,600円

新訂　自治体法務入門
編　田中孝男・木佐茂男　2,700円

政治倫理条例のすべて
クリーンな地方政治のために
斎藤　文男　2,200円

福島インサイドストーリー
役場職員が見た避難と震災復興
編著　今井照・自治体政策研究会　2,400円

原発被災地の復興シナリオ・プランニング
編著　金井利之・今井照　2,200円

自治体の政策形成マネジメント入門
矢代隆嗣　2,700円

介護保険制度の強さと脆さ
2018年改正と問題点
編著　鏡諭　企画東京自治研究センター　2,600円

「質問力」でつくる政策議会
土山希美枝　2,500円

神戸・近代都市の形成
高寄昇三　5,000円

政治行政入門（新版）
山梨学院大学政治行政研究会　2,500円

「縮小社会」再構築
安心して幸せにくらせる地域社会づくりのために
長瀬光市【監修・著】／縮小都市研究会【著】　2,500円

合併しなかった自治体の実際
非合併小規模自治体の現在と未来
木佐茂男【監修】／杉岡秀紀【編著】／原田晃樹　1,900円

住民監査請求制度がよくわかる本
平成29年改正
田中　孝男　1,800円

グリーンインフラによる都市景観の創造
金沢からの「問い」
金沢大学地域政策研究センター【企画】
菊地直樹・上野裕介【編】　1,000円

池袋・母子餓死日記
覚え書き（全文）（新装版）
公人の友社【編】　1,800円

世界遺産・ユネスコ精神
平泉・鎌倉・四国遍路
五十嵐敬喜・佐藤弘弥【編著】　3,200円

ひとりでできる、職場でできる、自治体の業務改善
時間の創出と有効活用
矢代隆嗣　2,200円

離島は宝島
沖縄の離島の耕作放棄地研究
齋藤正己　3,800円

自治体間における広域連携の研究
大阪湾フェニックス事業の成立継続要因
樋口浩一　3,000円

「地方自治の責任部局」の研究
その存続メカニズムと軌跡（1947-2000）
谷本有美子　3,500円

ひとり戸籍の幼児問題とマイノリティの人権に関する研究
稲垣陽子　3,700円

人口減少時代の論点90
井上正良・長瀬光市・増田勝　2,000円

フランスの公務員制度と官製不安定雇用
図書館職を中心に
薬師院はるみ　2,000円

総合計画を活用した行財政運営と財政規律
鈴木洋昌　3,000円

議会が変われば自治体が変わる【神原勝・議会改革論集】
神原勝　3,500円

近代日本都市経営史・上巻
高寄昇三　5,000円

図解・こちらバーチャル区役所空き家対策相談室です
空き家対策を実際に担当した現役行政職員の研究レポート
松岡政樹　2,500円

縮小時代の地域空間マネジメント
ベッドタウン再生の処方箋
監修・著　長瀬光市
著・縮小都市研究会　2,400円

議員のなり手不足問題の深刻化を乗り越えて
地域と地域民主主義の危機脱却手法
江藤俊昭　2,000円

【自治体危機叢書】
2000年分権改革と自治体危機
松下圭一　1,500円

出版図書目録

●ご注文はお近くの書店へ
小社の本は、書店で取り寄せることができます。

●直接注文の場合は
電話・FAX・メールでお申し込み下さい。
（送料は実費、価格は本体価格）

100の社会改革
編著　イルカ・タイパレ
訳　山田眞知子　2,800円

公共経営学入門
編著　ポーベル・ラフラー
訳　みえガバナンス研究会　2,000円

自治体職員研修の法構造
監修　稲澤克祐、紀平美智子
　　　田中孝男　2,800円

変えよう地方議会
～3・11後の自治に向けて
編著　河北新報社編集局　2,000円

自治基本条例は活きているか?!
～ニセコ町まちづくり基本条例の10年
編　木佐茂男・片山健也・名塚昭　2,000円

国立景観訴訟～自治が裁かれる
編著　五十嵐敬喜・上原公子　2,800円

成熟と洗練～日本再構築ノート
　　　松下圭一　2,500円

地方自治制度「再編論議」の深層
監修　木佐茂男　青山彰久・国分高史　1,500円

韓国における地方分権改革の分析～弱い大統領と地域主義の政治経済学
　　　尹誠國　1,400円

自治体国際政策論
自治体国際事務の理論と実践
　　　楠本利夫　1,400円

自治体職員の「専門性」概念
可視化による能力開発への展開
　　　林奈生子　3,500円

アニメの像 VS. アートプロジェクト
まちとアートの関係史
　　　竹田直樹　1,600円

NPOと行政の《恊働》活動における「成果要因」
成果へのプロセスをいかにマネジメントするか
　　　矢代隆嗣　3,500円

おかいもの革命
消費者と流通販売者の相互学習型プラットホームによる低酸素型社会の創出
編著　おかいもの革命プロジェクト　2,000円

原発再稼働と自治体の選択
原発立地交付金の解剖
　　　高寄昇三　2,200円

「地方創生」で地方消滅は阻止できるか
地方再生策と補助金改革
　　　高寄昇三　2,400円

総合計画の新潮流
自治体経営を支えるトータル・システムの構築
監修・著　玉村雅敏
編集　日本生産性本部　2,400円

総合計画の理論と実務
行財政縮小時代の自治体戦略
編著　神原勝・大矢野修　3,400円

自治体の人事評価がよくわかる本
これからの人材マネジメントと人事評価
　　　小堀喜康　1,400円

だれが地域を救えるのか
作られた「地方消滅」
　　　島田恵司　1,700円

分権危惧論の検証
教育・都市計画・福祉を題材にして
編著　嶋田暁文・木佐茂男
著　青木栄一・野口和雄・沼尾波子　2,000円

地方自治の基礎概念
住民・住所・自治体をどうとらえるか?
編著　嶋田暁文・阿部昌樹・木佐茂男
著　太田匡彦・金井利之・飯島淳子　2,600円

松下圭一＊私の仕事～著述目録
　　　松下圭一　1,500円

地域創世への挑戦
住み続ける地域づくりの処方箋
監修・著　長瀬光市
著　縮小都市研究会　2,600円